AF428695

LES DOUZE CLEFS DE PHILOSOPHIE

BASILE VALENTIN

FV ÉDITIONS

TABLE DES MATIÈRES

AVANT-PROPOS

En ma Préface du Traité de la *Génération des Planètes,* je me suis obligé Ami Lecteur, en faveur de ceux qui sont curieux de science, et désireux de rechercher les secrets de la Nature, d'enseigner, selon la capacité que Dieu m'en a donné d'où, et de quelle Matière nos Ancêtres ont premièrement tiré, puis préparé la Pierre triangulaire, donnée par la libéralité du souverain Dieu, et de laquelle ils se sont servis pour entretenir leur santé durant le cours de cette vie mortelle, et pour saupoudrer comme de Sel céleste les malheurs de ce Monde. Or afin que je tienne ma promesse, et que je ne t'enveloppe point dans les sophistications trompeuses, mais que je montre, comme l'on dit, depuis un bout jusqu'à l'autre, la source de tous biens: Sois attentif, et considère diligemment ce que je vais dire, si tu aimes la Science, car je n'aime point à parler en vain, et mon intention n'est pas de me servir à cet effet de paroles frivoles, qui ne servent de rien ; ou de peu pour enseigner. Au contraire, mon dessein est de montrer en peu de mots des choses, qui soient appuyées et fondées sur de bons fondements, et fondées sur des expériences très certaines.

Or il faut savoir qu'encore que beaucoup de Gens se flattent de pouvoir connaître cette Pierre, néanmoins peu de ces Gens en viennent à bout; car Dieu n'en a communiqué la connaissance de l'Opération qu'à fort peu, et à ceux-là principalement qui haïssent le mensonge, embrassent du tout la vérité, et qui s'adonnent aux Arts et Sciences : Surtout à ceux qui l'aiment de tout leur cœur, et lui demandent ce précieux Don avec instance et prières.

C'est pourquoi je t'avertis, si tu veux chercher notre Pierre, de suivre mon conseil, qui est que tu pries Dieu de favoriser tes œuvres. Et si tu sens ta conscience chargée de péchés, je te conseille de l'en décharger et par une vraie contrition et par une bonne confession, prenant pour ferme résolution de persévérer dans la vertu, afin que ton cœur soit toujours pur, et que ton esprit soit éclairé de la lumière de la Vérité. Outre cela, propose-toi en toi-même, que si après avoir acquis ce Don divin, tu es élevé en honneur, de tenir la main aux Pauvres, qui sont comme embourbés dans le limon de la pauvreté; que tu redonneras par tes libéralités des forces à ceux qui sont fatigués de leurs malheurs, et que tu relèveras avec tes Richesses, ceux qui sont accablés de misère, afin que tu reçoives plus aisément la bénédiction de Dieu, et que ta foi étant confirmée par tes bonnes œuvres, tu puisses jouir de la Béatitude éternelle.

Outre cela encore, ne méprise pas les Livres des anciens Philosophes, qui certainement ont eu la Pierre avant nous ; mais lis-les entièrement ; car après Dieu, ils sont causes que je l'ai eue. Lis-les plus d'une fois, afin de ne pas oublier tes Principes, de peur que tes Fondements ne tombent, et que la Lumière de la Vérité ne s'éteigne.

De plus, sois diligent à la recherche des Choses qui s'accordent avec la raison, et avec les Livres des Anciens. Ne sois point variable, vise constamment au but, auquel tirent tous les Sages, Souviens-toi qu'un Esprit mobile n'a point de pied stable, et qu'un Architecte, qui a la tête légère, peu à peine bâtir un Édifice ferme et permanent.

De plus encore, notre Pierre ne prend point son Être et sa Naissance de Choses combustibles, parce qu'elle combat contre le feu et soutient tous ses efforts, sans être aucunement offensée. Ne la tire donc point de ces Matières, dans lesquelles la Nature toute puissante qu'elle est, ne la peut mettre.

Par exemple, si quelqu'un disait que notre Pierre est de nature végétale, ce qui néanmoins n'est pas possible, bien qu'il paraisse en elle, je ne sais quoi de végétable ; il faut que tu saches que si notre Lunaire était de même nature que les autres Plantes, elle servirait aussi bien qu'elles servent de matières propre au feu pour brûler, et ne remporterait autre chose de lui que le Sel mort, ou comme l'on dit, la Tête morte. Quoique nos Prédécesseurs aient écrit amplement de la Pierre végétable, si tu n'es aussi clairvoyant que Lincée, leurs Écrits surpasseront la portée de ton esprit, car ils l'ont seulement appelé végétable, à cause qu'elle croît, et se multiplie comme une chose végétable.

Bref, sache que pas un Animal ne peut étendre son Espèce et engendrer son semblable, s'il ne le fait par le moyen de choses semblables, et d'une même nature, voilà pourquoi je ne veux point que tu cherches notre Pierre autre part, ni d'autre côté que dans la Semence de sa propre nature, de laquelle la Nature l'a premièrement produite. Tire de là aussi une conséquence certaine, qu'il ne te faut aucunement choisir à cet effet une nature animale : car comme la chair et le sang ont été donnés par le Créateur de toutes choses aux seuls Animaux ; aussi du seul sang, qui leur est particulier, eux seuls sont nés et naissent tous les jours. Mais notre Pierre que j'ai eu par succession des anciens Philosophes, est faite et composée de deux choses, et d'une, en lesquelles la troisième est cachée, et telle est la vérité sans aucune ambiguïté ni fraude, car le Mari et la Femme n'étaient pris par les anciens Philosophes que pour un même Corps, non pas à cause de leurs accidents externes, mais à cause de leur amour réciproque, et la vertu uniforme productive de leur semblable, née et inférée à l'une dans l'autre, dès leur première naissance. Et tout ainsi qu'ils ont une vertu conservative et propagative de leur Espèce, tout de même la Matière dont notre Pierre est produite, peut se multiplier et s'étendre par la vertu séminale qu'elle a. C'est pourquoi si tu es véritable Amateur de notre Science, tu ne feras pas peu d'estime de ce que je viens de te dire, et tu le considéreras attentivement, de peur de te laisser tirer avec les autres Sophistes, aveuglés en cet endroit en la fosse d'ignorance, et te précipiter en ce gouffre, et enfin n'en pouvoir jamais revenir.

Or mon Ami, afin que je t'enseigne d'où cette Semence, et cette Matière est puisée, songe en toi-même à quelle fin et usage tu veux faire la Pierre ; alors tu sauras qu'elle ne s'extrait que de Racine Métallique, ordonnée du Créateur à la génération seulement des Métaux : Or comprend en peu de paroles comment cela se fait.

Au commencement, lorsque l'Esprit du Seigneur était porté sur les Eaux, et que toutes choses étaient enveloppées dans les obscurités ténébreuses du Chaos, alors Dieu puissant et Éternel, Commencement sans fin, dont la Sagesse est de toute Éternité, créa de rien par ses conseils inscrutables et providents, le Ciel et la Terre, et tout ce qui est en eux visible et invisible, quelque nom qu'on leur donne ou qu'on puisse leur donner. Car Dieu fit toutes choses de rien. Or comment se fit cette merveilleuse Création ? j'estime que ce n'est ici le lieu de s'en enquérir, et qu'il faut en cela se soumettre à la Foi et à la Sainte Écriture. Dans cette création Dieu donna à chaque Nature sa semence, de peur qu'elles ne périssent, étant sujettes à corruption, et afin que par cette vertu séminale elles pussent se garantir de la mort, et que les Hommes, les Animaux, les Plantes et les Métaux, puissent être perpétuellement conservés. Dieu ne donna pas à l'Homme la vertu de pouvoir, contre sa volonté, faire de nouvelles Semences, mais il lui permit seulement d'étendre et de multiplier son Espèce : Et Dieu se réserva la puissance de faire de nouvelles Semences, autrement la Création serait possible à l'Homme, comme étant la plus noble Créature ; ce qui ne se peut pas se faire, et doit être réservée au seul Créateur de toutes choses.

Quant à la vertu séminale des Métaux, je veux que tu la connaisses de cette manière. L'Influence céleste, par la volonté et par le commandement de Dieu, descend du Ciel, se mêle avec les vertus et les propriétés des Astres. Étant mêlées ensemble, il s'en forme comme un tiers presque terrestre. Ainsi se fait le Principe de notre Semence, et telle est sa première production, par laquelle elle peut donner un témoignage assez suffisant de son origine. De ces trois se font les éléments, à savoir l'Eau, l'Air, et la Terre, lesquels moyennant l'aide du Feu, continuellement appliqué, on régit et gouverne jusqu'à ce qu'ils aient produit une Âme, qui ait moyenne nature entre les deux, un Esprit incompréhensible, et un Corps visible et palpable. Quand ces trois Principes sont joints ensemble par vraie union, ils sont par continuation de temps, et par le moyen du Feu dûment appliqué, une Substance sensible; à savoir, la *Mercurielle*, la *Sulfu-*

reuse et la *Saline*, qu'Hermès et tous les autres devant moi, ne pouvant par delà, dès le commencement du Magistère, ont appelé les trois Principes, lesquels s'y étant mis proportionnellement, l'on coagule, selon les diverses opérations de Nature, et la disposition de la Semence, ordonnée de Dieu à cet effet.

Quiconque donc se propose de chercher la source de cette salubre Fontaine, et espère de remporter le prix dans notre Art, qu'il me croie ; car j'atteste le Souverain Dieu de cette vérité, que là où se trouvent l'Âme Métallique, l'Esprit Métallique, et le Corps Métallique, là se trouvent aussi infailliblement, *le Mercure, le Soufre,* et *le Sel Métallique,* lesquels nécessairement ne sauraient faire qu'un Corps parfait Métallique.

Si tu ne veux pas entendre ce qu'il faut que tu apprennes ; ou tu n'auras jamais été élevé dans l'École de la Sagesse, ou tu ne seras pas Enfant de Science, ou bien Dieu t'estimera indigne et incapable de telle Doctrine.

Je te dis donc en peu de mots qu'il te sera impossible de tirer aucun profit des Matières Métalliques, si tu n'assembles exactement en une Forme Métallique ces trois Principes. Outre cela, il faut que tu saches que tous les Animaux terrestres, composés de chair et de sang, sont doués d'âme et d'esprit vital, mais qu'ils sont dépourvus de l'entendement, qui est particulier à l'Homme seul. C'est pourquoi, quand ils ne sont plus en vie, on n'en saurait rien tirer de bon, tout étant mort en eux.

Mais quand l'Âme de l'homme est contrainte par la mort et par la disjonction d'avec le Corps, de retourner à son Créateur d'où elle est venue, elle ne cesse point de vivre et revient habiter avec le Corps purifié et clarifié par le feu ; de manière que l'Âme, l'Esprit et le Corps, s'illuminent l'un l'autre d'une certaine clarté céleste, et s'embrassent de telle sorte, qu'ils ne peuvent plus ensuite être désunis l'un l'autre.

Voilà pourquoi l'homme doit être, à cause de son Âme, estimé Créature fixe, d'autant que quoiqu'il semble mourir, il vivra perpétuellement. À cause de cela, la mort de l'Homme n'est autre chose qu'une clarification, par laquelle, avant que passer comme par certains degrés ordonnés de Dieu, il doit après avoir quitté cette vie mortelle, vivre plus glorieusement d'une vie immortelle. N'en n'étant pas ainsi des autres Animaux, on les doit estimer Créature non fixe ; car après la mort, ils n'ont aucune espérance de ressusciter ni de revivre, parce qu'ils sont dépourvus d'Âme raisonnable, pour laquelle le véritable Médiateur et unique fils de Dieu a versé son Sang précieux et s'est livré à la mort.

Si l'Esprit habite le Corps, il ne s'ensuit pas de-là qu'ils soient liés ensemble, bien qu'ils soient en paix, et qu'ils n'aient rien discordant l'un de l'autre ; car ils ont encore besoin d'un lien plus fort, à savoir de l'Âme pure, noble et incompréhensible, qui puisse les lier tous deux fermement, leur garantir de tous les dangers, et les défendre contre tous les ennemis. Car quand l'Âme se sépare, il n'y a plus de vie, et n'y a aucune espérance de la recouvrer. Voilà pourquoi une chose sans Âme est grandement imparfaite. C'est un grand Secret, et que doit nécessairement savoir le Sage qui cherche notre Pierre. Ma conscience m'a obligé de ne point passer sous silence un tel Mystère, mais de le découvrir aux Amateurs de notre Science. Pèse donc attentivement mes paroles, et apprends que les Esprits qui sont cachés dans les Métaux, diffèrent beaucoup entre eux, les uns étant plus volatils, les autres plus fixes, la même différence se trouve en leur Âme, et en leur Corps. Tout Métal donc qui est composé de tels Esprits vraiment fixes (ce qui est donné de particulier au seul Soleil) a une grande force et vertu, par laquelle il combat même contre le feu, et par sa puissance surmonte tous ses ennemis.

La Lune a en soi un Mercure fixe, par lequel elle soutient plus longuement la violence du feu que les autres Métaux imparfaits, et la victoire qu'elle remporte, montre assez combien elle est fixe, vu que le ravissant Saturne lui peut rien ôter ni diminuer.

La lascive Vénus est bien colorée, et tout son corps n'est presque que Teinture, et couleur semblable à celle du Soleil, laquelle, à cause de son abondance, tire grandement sur le rouge ; mais d'autant que son corps est lépreux et malade, la Teinture fixe n'y peut pas faire sa demeure, et ce corps s'envolant, la Teinture doit nécessairement suivre, car ce même corps périssant, l'âme ne peut pas demeurer, son domicile étant consommé par le feu, et ne lui restant aucun siège, ni refuge. Cette âme au contraire étant accompagnée, demeure avec un corps fixe.

Le Sel fixe, fournit au guerrier Mars un corps dur, fort, solide et robuste, d'où provient sa magnanimité et son grand courage. C'est pourquoi il est très difficile de surmonter ce valeureux Capitaine; car son corps est si dur, qu'à grand peine peut-on le blesser. Mais si quelqu'un mêle sa force et dureté avec la constance de la Lune et la beauté de Vénus, et si on les accorde par un moyen spirituel, on pourra faire, une douce harmonie, par le moyen de laquelle le pauvre Homme, s'étant à cet effet servi de quelques Clefs de notre Art, après avoir monté au haut de cette Échelle, et parvenu jusqu'à la fin de l'Œuvre, pourra particulièrement gagner sa vie ; car la nature flegmatique et humide de la Lune peut être échauffée et desséchée par le sang chaud et colérique de Vénus, et sa grande noirceur corrigée par le Sel de Mars.

Il ne faut pas que tu cherches cette semence dans les Éléments, car elle n'est pas si éloignée de nous, la Nature nous l'a mise bien plus près, et tu l'obtiendras, si tu rectifies tellement le Mercure, le Soufre et le Sel (j'entends des Philosophes) que l'Âme, l'Esprit et le Corps soient si bien unis, qu'ils ne puissent jamais se quitter. Alors sera fait le vrai lien d'amour, et sera bâtie la Maison de gloire et d'honneur. Et sache que tout ceci n'est rien autre chose que la Clef de la vraie Philosophie, semblable aux propriétés célestes, et l'Eau sèche conjointe avec une Substance terrestre ; toutes lesquelles choses reviennent toujours au même point, comme n'étant qu'une même, qui prend son origine de trois, de deux et d'une. Si tu touches ce but et parviens jusque là, tu auras et tu accompliras le Magistère. Après joints l'Époux avec l'Épouse, afin qu'ils soient nourris de leur chair et sang propres, et soient multipliés par leur semence à l'infini. Quoique par charité je voulusse bien t'en dire d'avantage, néanmoins je ne le ferai pas, de peur de passer les bornes que Dieu m'a prescrite. Je ne dirai donc rien de plus, craignant que l'on abuse des grands Dons de Dieu, et que je sois l'auteur et cause de tant de méchancetés qui pourraient se commettre, car j'encourrai l'ire divine, et serais condamné aux peines éternelles avec les Méchants.

Mon Ami, si ces choses sont si obscures que tu n'y puisses rien comprendre, je t'enseignerai encore ma Pratique, par le moyen de laquelle j'ai fait avec l'aide de Dieu, la Pierre occulte. Considère-la diligemment, prend bien garde aux douze Clefs, et lis-les plus d'une fois, puis travaille selon que je t'ai instruit. À vérité elle est un peu obscure, mais au reste fort exacte.

Prends de bon Or, mets-le en pièces, et dissout-le comme Nature enseigne aux Amateurs de Science, et réduit-le en ses premiers Principes, comme le Médecin a coutume de faire la dissection d'un corps humain pour connaître ses parties intérieures, et tu trouveras une Semence qui est le *Commencement*, le *Milieu* et la *Fin* de l'Œuvre, de laquelle notre Or et sa Femme sont produits. C'est un subtil et pénétrant Esprit, une Âme délicate, nette et pure, et un Sel et Baume des Astres, lesquels étant unis ensemble, ne sont qu'une Liqueur et Eau Mercurielle.

On mena cette Eau au Dieu Mercure, son Père, pour être examinée. Il voulut l'épouser, et en effet il l'épousa, et des deux il se fit une Huile incombustible. Mercure en devint si orgueilleux et superbe, qu'il ne se reconnut plus pour soi-même. Ayant jeté ses ailes d'Aigle, il dévora sa queue glissante d'un Dragon, et déclara la guerre à Mars, qui ayant assemblé sa Compagnie de Chevaux légers, fit prendre Mercure, le mit prisonnier, et constitua Vulcain pour Geôlier de la Prison, jusqu'à ce qu'il fût de nouveau délivré par le Sexe féminin.

Aussitôt que la nouvelle en fut sue dans le Pays, les autres Planètes s'assemblèrent et consultèrent sur ce qu'il faudrait faire dans la suite pour que tout fût gouverné avec prudence et avec maturité de conseil. Alors Saturne, avec une gravité non pareille commença en cette façon à dire le premier son avis.

Moi Saturne, la plus haute des Planètes, je confesse et proteste devant vous que je suis la moindre de toutes, ayant un corps faible et corruptible, de couleur noire, sujet à toutes les adversités de ce misérable Monde : C'est moi toutefois qui éprouve toutes vos forces, parce que je ne saurai demeurer en une place, et m'envolant j'emporte tout ce que je trouve de semblable à moi. Je ne rejette la faute de ma calamité sur aucun autre que sur Mercure, qui par sa négligence et par son peu de soin, m'a causé tous ces malheurs. C'est pourquoi je vous prie, et conjure toutes, de prendre sur lui la vengeance de ma misère, et que puisqu'il est déjà en prison, que vous le mettiez à mort, et le laissiez tellement corrompre et pourrir, qu'il ne lui reste aucune goutte de sang.

Après Saturne, Jupiter, tout chenu et cassé de vieillesse, se leva, et ayant fait révérence, et étendu son Sceptre, il salua chacun selon sa qualité. Ensuite d'un petit exorde, il loua l'avis de son compagnon Saturne, et voulut que tous ceux qui ne trouveraient pas bonne cette opinion, fussent proscrits et exilés, et ainsi finit son Discours.

Après Jupiter, Mars s'avança avec une Épée nue, diversifiée d'admirables couleurs ; on eût dit qu'elle était entrelacée comme de Miroirs, jetant feu et flamme, à cause des rayons épars çà et là qui en sortaient. Et la donna à Vulcain Geôlier de la prison, pour exécuter la Sentence prononcée, et réduire en poudre les os de Mercure, après qu'il serait mort. Vulcain lui obéit comme Exécuteur de Justice, prêt à faire ce qu'on lui commandait.

Quant Vulcain se fut acquitté de son devoir, l'on vit venir comme une belle Femme blanche, et vêtue d'un habit à femme long, de couleur grise et argentine, tissu et entrelacé d'Eaux, et dès que les Assistants l'eurent considérée de plus près, ils connurent tous que c'était la Lune, Épouse du Soleil, laquelle se jeta à leurs pieds, et après plusieurs soupirs, accompagnés de larmes, elle les pria avec une voix tremblante et entrecoupée de beaucoup de sanglots, de délivrer le Soleil son Mari, qui était emprisonné par la tromperie de Mercure, ou qu'il faudrait qu'il pérît avec Mercure, déjà condamné à mort par le jugement des autres Planètes. Mais Vulcain sachant bien ce qu'il avait à faire, et ce qui lui avait été ordonné, ferma l'oreille à ces prières, et ne cessa d'exécuter la Sentence sur ses pauvres Criminels, jusqu'à l'arrivée de Vénus, qui paru vêtue d'une robe bien rouge, et doublée de vert. Elle était extrêmement belle de visage, et avait une voix douce et gracieuse ; son maintien et façon de faire étaient tout à fait agréables. Elle portait un bouquet de fleurs odoriférantes, qui à cause de leur admirable diversité de couleurs, apportaient un merveilleux contentement aux Hommes. Elle pria en Langue Caldaïque Vulcain de délivrer le Soleil, et le fît ressouvenir qu'il devait être racheté et délivré par le Sexe féminin, mais sa prière ne le toucha point, et il ne voulut pas seulement l'écouter.

Comme ils parlaient ensemble, le Ciel s'ouvrit, et en sorti un grand Animal avec, et une infinité de petits, lequel tua Vulcain, et à gueule ouverte dévora la noble Vénus qui priait pour lui. Il cria à haute voix : les Femmes m'ont engendré ; les Femmes ont semé et répandu partout ma semence ; elles ont rempli tout le monde, et leur âme est unie avec moi : C'est pourquoi aussi je vivrai de leur sang. Ayant proféré hautement ces paroles, il se retire, accompagné de tous ses petits : Et cela se fit par tant de fois, que tout le monde en fut rempli.

Ceci s'étant passé de la sorte, plusieurs doctes

Personnages du Pays s'assemblèrent, et se mirent conjointement à chercher le moyen de connaître ce mystère, pour avoir une plus parfaite connaissance du fait ; mais ne s'accordant point ensemble, ils se donnèrent une peine inutile, jusqu'à ce qu'on vit venir un Vieillard, qui avait la barbe et les cheveux aussi blancs que neige. Il était vêtu d'écarlate depuis les pieds jusqu'à la tête, avec une Couronne d'or entrelacée de Pierres précieuses de grande valeur. Outre cela, il avait une ceinture de toute gloire et de tout bonheur, et marchait nus pieds. Il parlait par un singulier Esprit qui était en lui, ses paroles pénétraient tout son Corps et de telle façon que son Âme s'en ressentait. Cet Homme s'élevait un peu plus haut que les autres, et faisait faire silence aux Assistants, et parce qu'il était envoyé du Ciel pour déclarer et expliquer par Discours physique, la Parabole ou Énigme, qu'ils avaient entendue, et il leur recommandait de l'écouter avec attention.

Le silence se faisant donc dans cette Assemblée, le Vieillard commença ainsi son discours : Éveille-toi Peuple mortel et regarde la lumière, de peur que les ténèbres et obscurités ne te trompent. Les Dieux du bonheur, et les grands Dieux m'ont révélé ceci en dormant. O qu'heureux est celui qui a les yeux éclairés pour voir la lumière qui lui était cachée auparavant ! Il s'est levé par la bonté des Dieux deux Étoiles aux Hommes, pour chercher la véritable et profonde Sagesse. Regarde-les et marche à leur clarté, parce que l'on y trouve la Sagesse.

Un oiseau Méridional, vite et léger, arrache le cœur du corps d'un grand Animal d'Orient. L'ayant arraché, il le dévore. Il donne aussi des ailes à l'Animal d'Orient, afin qu'ils soient semblables; car il faut que l'on ôte à la Bête Orientale sa peau de Lion, et que derechef ses ailes disparaissent, et qu'ils entrent dans la grande Mer salée, et en ressortent une seconde fois ayant pareille beauté. Alors jette ses esprits remuants dans un puits bien creux, où l'eau ne tarisse jamais, afin qu'ils lui soient rendus semblables, comme leur Mère qui y est cachée, et en a été composée, et pris sa naissance des trois.

La Hongrie m'a premièrement engendrée, le Ciel et les Astres me nourrissent, la Terre m'allaite. Et bien que je meure et soit enterré, je prends néanmoins vie et naissance par Vulcain. C'est pourquoi la Hongrie est mon Pays, et la Terre, qui contient toutes choses, est ma Mère. Les Assistants ayant entendu cela, il recommença encore à parler.

Faits que ce qui est dessus soit dessous; que le visible soit invisible; le corporel incorporel. Et fait encore que ce qui est dessous soit dessus; que l'invisible soit rendu visible, et l'incorporel corporel. De cela dépend entièrement toute la perfection de l'Art, où habite la mort et la vie, la génération et corruption. C'est une boule ronde où se tourne l'inconstance Roue de la Fortune; elle apporte aux Hommes divins toute sagesse et bonheur, et son propre nom, l'on l'appelle *Toute chose*. Toutefois Dieu seul est Souverain, et a seul commandement sur les choses éternelles.

Or celui qui sera curieux de savoir ce que c'est que *Toutes choses* dans *toutes choses*, qu'il fasse à la Terre de grande ailes, et la presse tellement qu'elle monte en haut, et vole par-dessus toutes les Montagnes, jusqu'au Firmament, et alors qu'il lui coupe les ailes à force de feu, ainsi qu'elle tombe dans la Mer Rouge et s'y noie. Ensuite, qu'il fasse calmer la Mer, et dessèche ses Eaux par Feu, et par Air, afin que la Terre renaisse, et en vérité il aura *Toutes choses* dans *toutes choses*. Et s'il ne le peut trouver, qu'il regarde dans son propre sein, qu'il cherche et visite tout ce qui est autour de lui, et en tout le Monde, et il trouvera *Tout* dans *Tout* ce qui n'est rien autre chose qu'une vertu *styptique* et *astringente* des Métaux et Minéraux, provenant du Sel et du Soufre, et deux fois née du Mercure. Je te jure que je ne saurais te déclarer plus amplement *Toutes choses* dans *toutes choses,* vu que *Toutes choses* sont comprises en *toutes choses.*

Ayant achevé ce discours, mes Amis dit le Vieillard, je crois qu'en entendant ainsi la Sagesse, vous avez appris et recueilli de mon Discours, de quelle Matière, et par quel moyen vous devez faire la Pierre précieuse des anciens Philosophes. Or cette Pierre ne guérit pas seulement les Métaux lépreux et imparfaits, en les convertissant par régénération en une nature du tout à fait accomplie, mais aussi elle conserve la santé des Hommes, et les fait vivre longtemps, et par sa vertu céleste, elle m'a conduit à une telle vieillesse, que, m'ennuyant de vivre si longuement je voudrai déjà quitter le Monde.

À Dieu en soit la louange, l'honneur, la vertu, et la gloire, aux Siècles des Siècles, pour la grâce et sagesse qu'il y a si longtemps qu'il m'a libéralement donnée. Ainsi soit-il.

Ayant dit cela, il disparut, et s'envola en l'air. Ces choses s'étant passées de la sorte, tous s'en retournèrent d'où il était venu, appliquèrent leur esprit à ce qu'ils avaient entendu, et chacun opéra selon la sagesse que Dieu lui avait donnée.

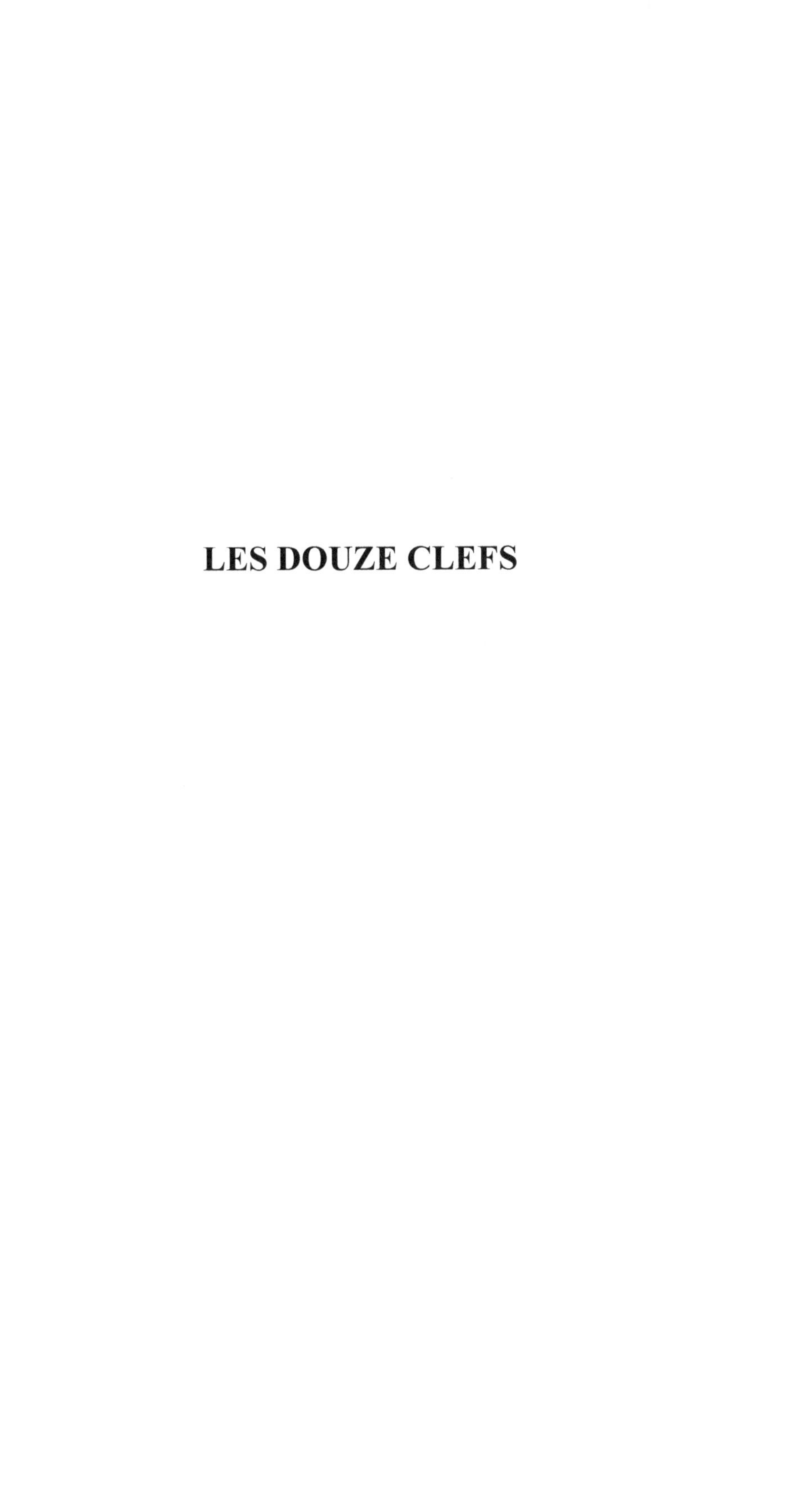

LES DOUZE CLEFS

PREMIÈRE CLEF DE L'ŒUVRE DES PHILOSOPHES

Sache mon Ami, que tous Corps impurs et lépreux ne sont propres à notre Œuvre ; car leur impureté et lèpre, non seulement ne peuvent non seulement rien produire de bon, mais empêche même que ce qui y est puisse produire.

Toute marchandise de Marchand, tirée de Minières est vendue chacune à son prix ; mais lorsqu'elle est falsifiée, elle est rendue inutile, parce qu'elle est gâtée, et n'étant pas semblable à la naturelle, elle ne peut faire les opérations dues.

Comme le Médecin purge le dedans du corps et nettoie toutes les ordures, par les Médicaments; de même aussi, nos Corps doivent être purgés et nettoyés de toutes leurs impuretés, afin qu'en notre Génération, ce qui est parfait puisse exercer des Opérations parfaites; car les Sages demandent un Corps net, sans tache ni point souillure d'aucun

Corps impurs, parce que le mélange des choses étrangères est la lèpre et la destruction de nos Métaux.

Que la Couronne du Roi soit d'Or très pur et qu'on lui joigne sa chaste Épouse. Si donc tu veux opérer en nos Matières, prends un Loup affamé et ravissant, sujet, à cause de l'étymologie de son nom, au guerrier Mars, mais de race tenant de Saturne, comme étant son Fils.

On le trouve dans les Vallées et Montagnes, toujours mourant de faim. Jette-lui le Corps du Roi, afin qu'il s'en soûle. Après qu'il aura mangé, jette-le dans un grand feu pour y être entièrement consumé, et alors le Roi sera délivré. Quand tu auras fait cela trois fois, le Lion[1] aura surmonté le Loup, et le Loup ne pourra plus rien consumer du Roi, et notre matière sera préparée et prête à commencer l'Œuvre.

Apprends que ce n'est que par cette voie-là qu'on peut rendre nos Matières pures ; car l'on lave et purge le Lion du sang du Loup, et la nature du Lion se délecte merveilleusement en la Teinture du Loup, parce qu'il y a une grande affinité et comme un parentage entre le sang de l'un et l'autre. Quand donc le Lion se sera soûlé et son esprit fortifié, ses yeux reluiront et éclaireront comme le Soleil, et sa force intérieure sera bien plus grande, et très utile à tout ce que vous voudrez. Et après qu'il aura été dûment préparé, il servira de grand remède aux Épileptiques, et à ceux qui seront attaqués de graves maladies. Et dix Lépreux le suivront, voulant boire de son sang, et tous Malades, de quelque mal qu'ils soient affligés, se plairont gran dement en son Esprit. Bref tous ceux qui boiront de cette Fontaine coulante d'Or, seront rendus joyeux de corps et d'esprit, jouiront d'une santé parfaite, sentiront un rétablissement de leurs forces, une restauration de sang, confortation de cœur, et une entière disposition de tous leurs membres, tant au-dedans qu'au-dehors, parce que cette Fontaine conforte les nerfs, et ouvre les conduits pour chasser les maladies, et introduire en leur place la santé.

Mon Ami, prends garde soigneusement à ce que la Fontaine de vie soit très pure, et qu'aucune Eau étrangère ne se mêle avec elle, de peur qu'il ne s'engendre un Monstre, et que le salutaire Poisson ne se change en venimeux poison. Et si l'on a ajouté quelque eau forte et corrosive pour dissoudre les Matières, qu'on ôte et qu'on lave diligemment toute force corrosive, car nulle acrimonie et corrosion n'est propre à donner la fuite aux maladies, parce qu'elle pénètre, avec destruction et corruption du Sujet, et engendre bien d'autres maladies. Et comme on pousse une cheville, par une cheville, de même il faut chasser le poison par le poison ; il est néanmoins nécessaire que notre Fontaine en soit totalement purgée, et rendue entièrement exempte de toute corrosion.

On coupe tout Arbre qui ne porte pas de bon fruit, et l'on greffe sur le tronc une merveilleuse greffe. Cela fait, le tronc produit un rameau, et de là se fait un arbre fructifiant, selon le désir du Jardinier.

Le Souverain voyage par six Villes célestes[2], et fait résidence en la septième, parce que son Palais

Royal y est orné et embelli d'Or, et de Bâtiment dorés.

Si tu entends ce que je viens de dire, tu as ouvert la première porte de la première Clef, et as passé la première barrière; mais si tu n'y vois aucune clarté, tu auras beau manier et regarder le verre, cela ne te servira de rien, et ne t'aidera aucunement la vue corporelle, pour trouver à la fin ce qui te manquera au commencement, car je ne parlerai pas d'avantage de cette Clef, comme m'a enseigné Luce Papirius.

----

1. Le Lion, c'est le Roi, ou l'Or, et le Loup, c'est l'Antimoine. 17
2. Les six Régimes; le premier de Mercure; le 2e de Saturne; le 3e de Jupiter; le 4e de la Lune; le 5e de Vénus ; le 6e de Mars. Après ces six Régimes, vient celui du Soleil, désigné ici sous le nom du Palais Royal, embelli d'Or.

SECONDE CLEF DE L'ŒUVRE
DES PHILOSOPHES

On trouve dans les Cours des Princes diverses sortes de breuvages ; et n'y en a pas un qui soit semblable à l'autre, en odeur, couleur et goût, car ils sont préparés de diverses façons, et à diverses fins, et cela est nécessaire pour en donner à différentes sortes de gens.

Quand le Soleil darde et épand ses rayons par entre les nues, l'on dit communément : le Soleil attire l'eau à soi, c'est pourquoi nous aurons de la pluie ; et si cela se fait souvent, il s'ensuit presque toujours une année fertile.

Pour bâtir une superbe et magnifique maison l'on a besoin de beaucoup d'Ouvriers avant qu'elle soit achevée et embellie comme il faut, car le bois ne peut pas suppléer au défaut de pierre.

Les Pays contigus et proches voisins de la Mer

sont enrichis par son flux et le reflux, causé par sympathie et influence des Corps célestes, car à chaque reflux elle ne leur amène pas peu de Biens, mais grande quantité de précieuses Richesses.

L'on habille de beaux et riches vêtements une Fille à marier, afin que son Époux la trouve belle, et la voyant ainsi parée, en devienne amoureux. Mais quand ils doivent coucher ensemble, on lui ôte toutes ses sortes d'habits, et on ne lui laisse que celui qu'elle a apporté du ventre de sa Mère en venant au monde.

Tout de même aussi, quand on doit marier notre Époux Apollon avec sa Diane, on doit leur faire diverses sortes de vêtements; leur laver la tête, et même tout le corps, avec de l'Eau qu'il faudra préparer par plusieurs Distillations, car il y a de plusieurs sortes d'Eaux, les unes plus excellentes, et les autres moins, et selon que le requiert leur divers usages à peu près, comme je viens de dire, que l'on se sert de diverses sortes de breuvages dans les Cours des Princes et des Seigneurs.

Si quelques vapeurs s'élèvent de la Terre, et se condensent dans l'Air, sache qu'elles retombent, à cause de la pesanteur naturelle de l'Eau, et que la Terre reçoit derechef son humidité perdue ; de laquelle elle se délecte et se nourrit, et par laquelle elle est rendue plus propre à produire son fruit. C'est pourquoi l'on doit réitérer ses préparations d'Eaux par beaucoup de Distillations ; de manière que la Terre soit souvent imbibée de son humeur, et que cette humeur soit tirée autant de fois, que l'Euripe laisse de fois à sec la Terre, vers laquelle il retourne toujours jusqu'à ce qu'il ait achevé son cours ordinaire.

Quand donc le Palais Royal sera bâti avec bien de la peine, et paré avec grand soin, et que la Mer de verre l'aura par son flux et reflux enrichi de beaucoup de Richesses, le Roi y pourra sûrement entrer et s'y loger.

Mais mon Ami, prends garde que la conjonction du Mari avec son Épouse, ne se fasse qu'après avoir ôté tous leurs habits et ornements, tant du visage que de tout le reste du corps, afin qu'ils entrent dans le tombeau aussi nus que quand ils sont venus au monde, de peur que leur demeure ne se rende pire, et ne se gâte par le mélange de quelque chose étrangère.

Je veux encore t'apprendre, comme par supplément, que la précieuse Eau de laquelle il faut laver le Roi, se doit faire avec grand soin et beaucoup d'industrie, par le combat de deux Champions (j'entends de deux diverses Matières) car l'un d'eux doit donner le défi à l'autre, pour se rendre plus prompt et encouragé à remporter la victoire. Car il ne faut pas que l'Aigle seul fasse son nid au sommet des Alpes, parce que ses Aiglons mourraient à cause des neiges qui couvrent le sommet. Mais si tu joins un horrible Dragon, qui est toujours dans les Cavernes de la Terre, et qui a toujours habité les Montagnes froides, et couvertes de neige, Pluton soufflera de telle sorte, qu'enfin il chassera du froid Dragon un esprit volant et igné, qui, par la violence de sa chaleur, brûlera les ailes de l'Aigle, et jettera une chaleur par si long-temps, que la neige, qui est au haut des Montagnes, se fondra et se réduira en eau, afin de bien préparer un Bain minéral propre et très sain pour Roi.

TROISIÈME CLEF DE L'ŒUVRE
DES PHILOSOPHES

L e feu peut être étouffé et éteint par l'eau, et beaucoup d'eau versée sur un peu de feu s'en rend maîtresse. De même notre Soufre igné doit être fait, modéré, et dument vaincu par l'Eau, et ensuite sa force ignée doit à son tour surmonter et dominer, les Eaux se retirant. Mais l'on ne saurait ici remporter la victoire, si le Roi n'a empreint, sa force et sa vertu à son Eau, et s'il ne lui a donné une clef de sa livrée ou couleur Royale, pour être dissout par elle et rendu invisible. Il doit néanmoins reparaître et se présenter à la vue. Et quoi que cela ne se puisse faire qu'avec dommage et lésion de son corps, cette lésion toutefois se fera avec augmentation de sa nature et vertu.

Un Peintre peut mettre une autre couleur sur un blanc jaunâtre, un jaune rougeâtre et un vrai rouge. Et quoi que toutes ces autres couleurs demeurent ensemble, cependant la dernière est la plus en vue, et tient le premier rang par-dessus les autres. Il faut faire de même en notre Magistère. Quand tu l'auras fait, saches que la lumière de toute sagesse s'enlève, laquelle resplendit même dans les ténèbres, et toutefois ne brûle pas et n'est pas brûlée ; car notre Soufre ne brûle point et n'est point brûlé, encore qu'il épande et darde sa lumière bien au loin. Il ne teint point, s'il n'est auparavant préparé et teint de sa propre teinture, pour pouvoir teindre les Métaux malades et imparfaits. Et ce Soufre ne peut teindre, si l'on ne lui donne et empreint vivement cette couleur; car jamais le plus faible ne remporte la victoire, parce que le plus fort la lui ôte, et le plus faible est contraint de la céder au plus fort.

Ainsi, de ce que je t'ai dit, tire cette conséquence, que le faible jamais ne peut rien forcer ni aider le faible, et qu'une Matière combustible ne peut préserver d'embrasement une autre Matière combustible. Si l'on a donc besoin de Protecteur pour défendre la Matière combustible, tel Protecteur doit nécessairement avoir plus de force et de vertu que la Partie qu'il a à défendre, et étant hors de danger de combustion, il doit par sa vertu naturelle vivement résister au feu. Quiconque voudra préparer notre Soufre incombustible, qu'il le cherche dans une Matière où il est incombustiblement incombustible. Ce qui ne se peut faire avant que la Mer salée ait englouti un Corps, et ensuite rejeté, lequel Corps doit être sublimé jusqu'à tel degré qu'il surmonte de beaucoup en splendeur les autres Astres, et que son sang soit tellement augmenté et perfectionné, qu'il puisse comme le Pélican becquetant sa poitrine sans faire aucun tort à sa santé, ni sans incommodité les autres parties de son corps, nourrir tous ses Petits de son propre sang. C'est cette Rosée des Philosophes, de couleur purpurine, et ce Sang rouge du Dragon, duquel ils ont parlé et Écrit. C'est cette Écarlate de l'Empereur de notre Art, de laquelle est couverte la Reine de salut, et cette Pourpre de laquelle tous les Métaux froids et imparfaits sont échauffés et rendus accomplis.

C'est ce superbe Manteau, avec le Sel des Astres, qui suit ce Soufre céleste, gardé soigneusement, de peur qu'il ne se gâte, et qui les fait voler comme un Oiseau, autant qu'il est besoin, et le Coq mangera le Renard, et se noiera et étouffera dans l'Eau, puis reprenant vie par le feu, sera (afin de jouer chacun leur tour) dévoré par le Renard.

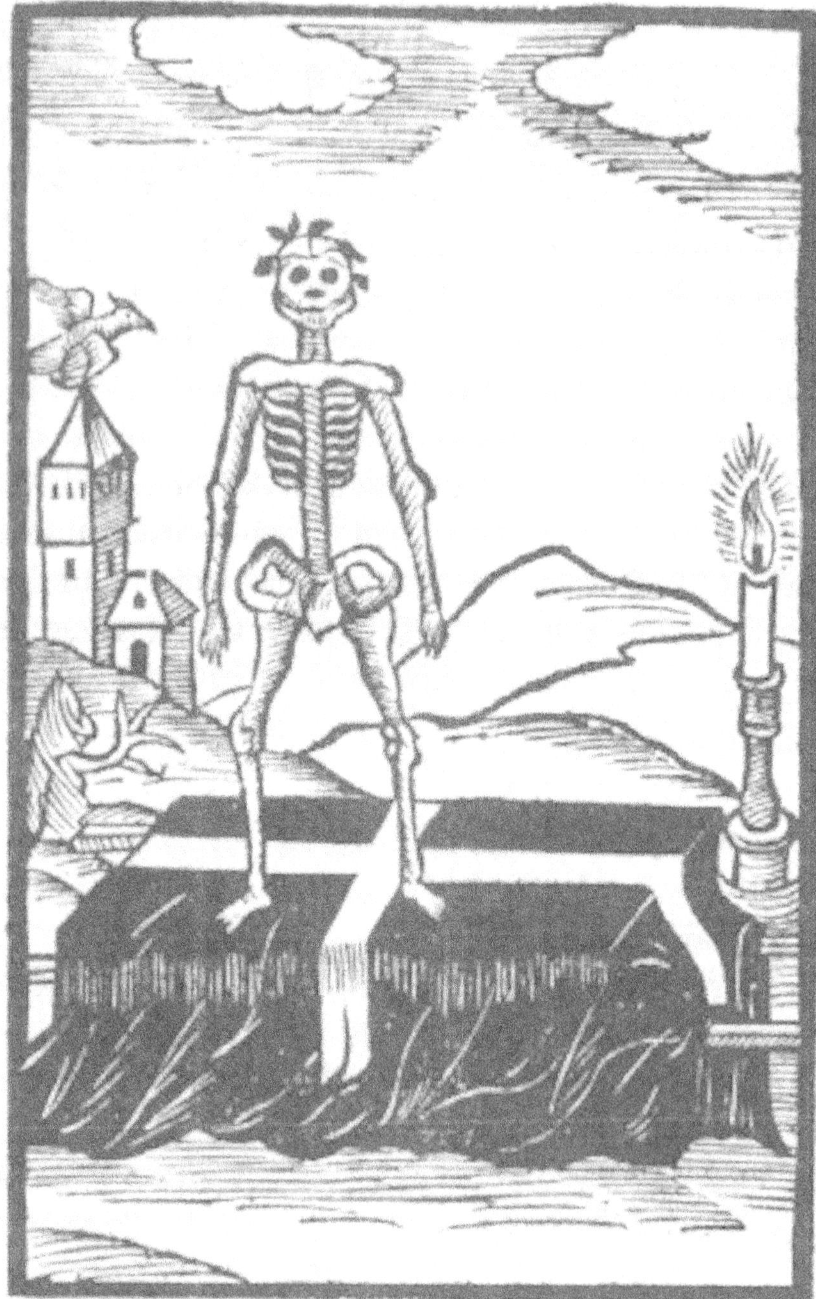

QUATRIÈME CLEF DE L'ŒUVRE DES PHILOSOPHES

Toute chair née de la Terre sera dissoute, et retournera en Terre, afin que ce Sel terrestre aidé par l'Influence des Cieux, fasse lever un nouveau Germe ; car s'il ne se fait aucune terre, il ne se pourra aussi faire aucune résurrection en notre Œuvre, parce que le Baume de Nature est caché en la terre, comme aussi le Sel de ceux qui y ont cherché la connaissance de toutes choses.

Au jour du Jugement, le Monde sera jugé par le feu, et ce qui a été fait de rien, sera par le feu réduit en cendre, de laquelle renaîtra un Phœnix, car en elle est caché le vrai Tartre, lequel étant dissout, l'on peut ouvrir les plus fortes serrures du Palais Royal.

Après l'embrasement général ; il se fera une nouvelle Terre, et de nouveaux Cieux, et un Homme nouveau, bien plus splendide et glorieux qu'il n'était lorsqu'il vivait au premier Monde, parce qu'il sera clarifié.

De cendres et de sable décuit au feu, un Verrier fait du verre à l'épreuve du feu, et de couleur semblable à de claires Pierreries, et l'on ne le regarde comme cendres. L'Ignorant attribue cela à grande perfection ; mais non pas l'Homme docte, d'autant que par l'expérience, et la connaissance qu'il en a, cette opération lui est devenue familière.

On change les pierres en chaux propre à beaucoup de choses, et avant que la chaux soit faite par le moyen du feu, ce n'est autre chose que pierre, de laquelle on ne se peut servir au lieu de chaux ; mais elle se cuit par le feu, et recevant de lui un haut degré de chaleur, elle acquiert une vertu tellement propre, que l'esprit igné de la chaux est venu à sa perfection, et qu'il n'y a rien qui lui puisse être comparé.

Toute chose réduite en cendres, montre et manifeste son Sel. Si dans sa Dissolution, tu sais garder séparément son Soufre et son Mercure, et de ces deux derniers redonner avec industrie ce qu'il faut en donner au Sel, il se pourra faire le même Corps que devant sa dissolution: Ce que les Sages de ce Monde appellent folie, et disent qu'il est impossible à l'Homme pêcheur de faire une nouvelle Créature, ne prenant pas garde que ça été auparavant une Créature, et que l'Artiste, en faisant démonstration de sa science, a seulement multiplié la semence de la Nature.

Celui qui n'a point de Cendres, ne peut faire de

Sel propre à notre Œuvre, car elle ne saurait se faire sans Sel, parce qu'il n'y a rien que lui qui donne de la force à toutes choses.

Comme le Sel commun conserve toute choses, et les préserve de pourriture ; de même le Sel des Philosophes défend et préserve tous les Métaux, et empêche qu'ils ne soient entièrement détruits, conservant son baume et son esprit qu'ils ont en eux ; car autrement il demeurerait un corps mort, qui ne pourrait plus servir à rien, parce que les Esprits métalliques le quitteraient, lesquels étant ôtés et perdus par la mort naturelle ; laisseraient leur domicile vide et mort, dans lequel on ne pourrait plus remettre de vie.

Mais, mon Ami, sache que le Sel provenant des Cendres, a pour le plus souvent une vertu occulte, il ne peut servir de rien, si son dedans n'est tourné au dehors; car il n'y a que l'Esprit qui donne la vie et la force; le Corps ne peut rien seul. Si tu peux trouver cet Esprit, tu auras le Sel des Philosophes, et l'Huile vraiment incombustible, si renommée dans les Livres des anciens Sages.

CINQUIÈME CLEF DE L'ŒUVRE
DES PHILOSOPHES

La vie, qui est cachée dans la Terre, produit choses qui en prennent naissance. Quiconque donc dit que la Terre n'est point animée, ne dit pas la vérité ; car ce qui est mort ne peut rien donner à un vivant, et n'est susceptible d'aucune chose, parce que l'Esprit de vie s'en est séparé. C'est pourquoi l'Esprit est la vie et l'âme de la Terre, où il demeure et acquiert ses vertus, emprunte à la Nature terrestre, par l'Être céleste et propriétés des Astres. Car toutes les Herbes, les Arbres, les Racines, les Métaux et les Minéraux reçoivent leur force et nourriture de l'Esprit de la Terre, parce que c'est la vie que cet Esprit qui est nourri des Astres, substante toutes choses qui croissent sur la Terre. Et comme la Mère nourrit elle-même l'Enfant qu'elle porte dans son ventre ; de même la Terre produit et nourrit de l'Esprit, descendu du Ciel, les Minéraux qu'elle porte dans ses entrailles.

Ce n'est donc pas la Terre qui donne les Formes à chaque Nature, mais bien l'Esprit de vie qu'elle contient : Et si elle était une fois destituée de son Esprit, elle serait morte, et ne pourrait donner aucun aliment, parce qu'elle manquerait de l'Esprit de son Soufre, qui conserve la vertu vitale, et qui de sa vertu fait germer toutes choses.

Deux choses Contraires demeurent bien ensemble, néanmoins ils ne se peuvent bien s'accorder ; car vous voyez que mettant le feu dans la poudre à Canon, ces deux Esprits, dont elle est composée, se séparent l'un de l'autre avec un grand bruit et une grande violence ; et s'envolant en l'Air ne peuvent plus être vu de personne. On ne sait où ils sont allés, ni ce qu'ils sont devenus, si l'on n'a appris ce qu'ils sont, et en quelle matière ils étaient cachés.

Par là tu connaîtras que la vie n'est qu'un pur Esprit, c'est pourquoi tout ce que l'Ignorant estime être mort, doit vivre d'une vie incompréhensible, visible néanmoins et spirituelle, et être conservé en elle. Si tu veux que la vie coopère avec la vie, ces Esprits sont alimentés et nourris de Rosée du Ciel, et prennent leur extraction d'un Être céleste, élémentaire et terrestre, que l'on nomme Matière sans Forme.

Et tout ainsi comme le Fer attire à soi l'Aimant par la sympathie et la qualité occulte qui est entre eux deux ; de même il y a dans notre Or de l'Aimant qui est la première Matière de notre Pierre précieuse. Si tu entends ceci, te voilà assez riche, et assez heureux pour ta vie.

Je te veux encore t'apporter un exemple. En regardant dans un Miroir, on voit la réflexion des Espèces, la même ressemblance de celui qui regarde ; et si celui-là veut toucher de la main son image, il ne touche que le Miroir, qu'il a regardé. De même aussi l'on doit tirer de cette Matière un Esprit visible, qui soit néanmoins incompréhensible. Cet Esprit est la Racine de vie de nos Corps, et le Mercure des Philosophes, duquel l'on prépare industrieusement la Liqueur de notre Art, que tu rendras derechef matérielle, et fera parvenir par certains moyens d'un degré très bas, à une souveraine perfection de la plus parfaite Médecine. Car notre Commencement est un Corps bien lié et solide ; le Milieu est un Esprit fuyant et une Eau d'Or sans aucune corrosion, par le moyen de laquelle les Sages jouissent de leurs désirs en cette vie, et la Fin est une Médecine bien fixe, tant pour le Corps humain, que pour les Corps Métalliques, la connaissance de laquelle a été plutôt donné aux Anges qu'aux Hommes, quoi que quelques-uns l'aient eu, qui l'ont demandée instamment et avec prières continuelles à Dieu, et n'usent d'ingratitude ni envers lui ni envers les Pauvres.

Et de surcroît, je te dis ceci avec vérité, qu'un travail doit succéder à un travail, et une opération suivre une autre opération ; car au commencement l'on doit bien purger et nettoyer notre Matière, puis la dissoudre, la mettre en pièce, et la réduire en poudre, et en cendres. Après quoi on doit faire un Esprit volatil aussi blanc que neige, et un autre aussi volatil et aussi rouge que sang. Ces deux là en contiennent un troisième ; et ce n'est toutefois qu'un seul Esprit, et ce sont eux trois qui conservent et prolonge la vie. Conjoints les ensemble, et leur donne une boisson et un manger, qui soient propres à leur nature, et les tiens en un lit de rosée, qui soit chaud jusqu'au terme de la génération. Et tu verras quelle Science Dieu t'a donné ainsi que la Nature. Et sache que jamais je ne me suis ouvert et allé si loin, que de découvrir tels Secrets, et Dieu a tant donné de force à la Nature et lui fait faire tant de miracle, qu'à peine l'Hommes peut-il les croire. Mais il m'a été donné certaines bornes et limites pour écrire, afin que ceux qui viendront après moi pussent publier les effets admirables de la Nature, lesquels, quoique Dieu permette d'en traiter sont néanmoins estimés par les Ignorants illicites et surnaturels. Mais le naturel prend son origine du surnaturel, et toutefois si tu conjoints toutes ces choses tu ne trouveras rien que de purement naturel.

SIXIÈME CLEF DE L'ŒUVRE
DES PHILOSOPHES

Le Mâle sans Femelle n'est qu'un demi Corps, comme aussi la Femelle sans Mâle ; car étant l'un sans l'autre, ils ne peuvent engendrer et multiplier leurs Espèces, mais quand ils sont mariés et mis ensemble, ils sont un Corps parfait et accomplit, et propre à la génération.

Un Champ trop ensemencé, étant surchargé devient infructueux, et ses fruits ne peuvent parvenir à maturité. Aussi ne l'étant pas aussi assez, il ne vient que bien peu de grain, et encore mêlé avec beaucoup d'ivraie inutile.

Le Marchand, qui veut acheter et débiter sa marchandise avec conscience, la donne à son prochain selon le taux de Justice, de peur d'encourir la malédiction, mais pour sembler faire plaisir aux Pauvres.

Beaucoup de Gens se noient dans les grandes et profondes Rivières, mais aussi les Ruisseaux sont aisément taris et desséchés par la chaleur du Soleil et nous en sommes aisément privés.

Voilà pourquoi afin d'avoir bonne issue de ton entreprise, tu prendras garde diligemment à choisir avec prudence, un certain poids et mesure en la conjonction des Liqueurs Physiques, afin que le plus grand ne pèse pas plus que le moindre, et de peur que l'action du moindre, étant débilitée ou empêchée, la génération ne soit aussi retardée ; car les trop grandes pluies ne sont pas bonnes aux fruits de la Terre, et la trop grande sécheresse les avance par trop tôt, et les fait mourir devant le temps. Puis le Bain étant entièrement préparé par Neptune, mesure avec grande industrie et diligence ton Eau permanente, et garde-toi bien de manquer, en donnant ou trop ou trop peu.

L'on doit donner à manger un Cygne blanc à l'Homme double ignée, afin qu'ils se tuent l'un l'autre, et ressuscitent l'un avec l'autre. Que l'Air qui vient des quatre Parties du Monde occupe les trois parts du Logis fermé de cet Homme igné, afin que l'on puisse entendre le chant du Cygne, disant son dernier adieu, et le Cygne rôti sera pour la table du Roi. Et la voix mélodieuse de la Reine plaira grandement aux oreilles du Roi igné ; il l'embrassera aimablement pour la grande affection qu'il lui porte, et en sera repu jusqu'à ce qu'ils disparaissent tous deux, et que d'eux deux ne soit fait qu'un Corps.

Un seul est aisément vaincu et surmonté par les deux autres, principalement s'ils peuvent exercer leur malice. Propose-toi donc comme une chose du tout arrêtée, qu'il est besoin du souffle d'un double vent que l'on appelle *Vulturne ou Sud Sud-Est*, puis d'un vent simple qui se nomme *Eurus* ou *vent de Levant et du Midi*. Après qu'ils se seront apaisés, et que l'Air sera converti en Eau, tu croiras à bon droit qu'il se fera une chose corporelle d'une incorporelle, et que le nombre prendra la domination sur les quatre Saisons de l'année au quatrième Ciel, après que les sept Planètes auront l'une après l'autre fait le temps de leur domination, qu'il achèvera son cours dans le bas du Palais, et sera rigoureusement examiné. Et ainsi les deux auront surmonté le seul et l'auront mis à mort.

Si tu désires acquérir par ton Art de grandes Richesses, tu as besoin d'une grande prudence et de beaucoup de doctrine, afin que se fassent dûment la division et la conjonction: Ne mets pas un poids faux, et le premier qui se rencontrerait par hasard devant toi. C'est ici le vrai fondement solide de tout le Magistère, que tu mettes à fin et perfection ce que je t'ai dit, par le Ciel de l'Art, par l'Air, et par la Terre, vraie Eau et Feu semblable, et par conjonction et admission de poids, mise comme je t'ai enseigné avec toute vérité.

Sigillum Hermetis
S C H V A O
Hiems
Autumnus
Ver
Æstas
AQVA
Sal Philofophorũ

SEPTIÈME CLEF DE L'ŒUVRE
DES PHILOSOPHES

La chaleur naturelle conserve la vie de l'Homme, étant dissipée et perdue, il est de nécessité qu'il meure.

L'usage modéré du feu nous défend des injures du froid ; mais si tu en veux user outre raison et plus qu'il ne faut, il nuit et apporte de la corruption.

Il n'est pas besoin que le Soleil touche la Terre de près de son Corps et Substance ; il suffit qu'il lui communique sa vertu et lui donne des forces, par le moyen de ses rayons dardés vers elle; car par leur réflexion, il a assez de force pour l'acquitter de sa charge, et par la continuelle concoction, il fait mûrir toutes choses, parce que ses rayons brûlant se dispersant par l'Air, en sont tempérés, de sorte que le Feu, moyennant l'Air, et l'Air moyennant le Feu, s'entraidant l'un l'autre produisent leurs effets.

La Terre ne peut rien produire sans l'Eau, ni l'Eau

sans la Terre ne peut rien faire germer. Or tout ainsi que l'Eau et la Terre, ne s'entraidant point, ne peuvent rien engendrer séparément, de même le Feu ne peut de passer de l'Air, ni l'Air du Feu, car ôtant l'Air du Feu, vous lui ôtez sa vie. Le Feu aussi étant éteint, l'Air ne peut faire aucune de ses fonctions ni par sa chaleur vivifier ni consumer l'humidité super-flue de l'Eau.

Les Vignes ont besoin d'une plus grande chaleur en Automne pour avancer et faire parfaitement mûrir les Raisins, déjà presque murs, qu'au commencement du Printemps ; plus il a fait chaud en Automne, plus elles rendent de meilleur vin, et plus délicat. Au contraire, moins il y a eu de chaleur, moins aussi rap-portent-elles de vin, qui même n'a pas de force, et qui ne sent que l'eau.

En Hiver, le commun Peuple, voyant la Terre toute gelée et ne pouvant rien produire de vert, estime que tout est mort; venant le Printemps, et le froid se retirant, vaincu par la chaleur du Soleil, qui monte sur notre Horizon, toutes choses lui semblent reprendre la vie. Les Arbres et Herbes commencent à pousser ; les Animaux qui fuyant la dure rigueur de l'Hiver, s'étant cachés dans les Cavernes de la Terre, sortent de leurs Grottes ; tout sent bon, et l'agréable diversité de couleurs et de fleurs fait preuve des vertus et forces de tout ce qui commence à reverdir. L'Été ve-nant après, il naît de cette variété de fleurs toutes sortes de fruits. L'Automne qui le suit, les perfec-tionne et les mûrit. C'est pourquoi nous remercions éternellement Dieu, qui a constitué un si bel ordre, et une telle suite dans les choses naturelles.

Ainsi se suivent et coulent toutes les Saisons, après une année vient l'autre, et cela se continuera jusqu'à ce que Dieu fasse périr le Monde, et que ceux qui possèdent la Terre soient glorieusement élevés par le Dieu de gloire, et mis en honneur. De là cessera toute action de Créature terrestre et sublunaire, et à sa place, il viendra une autre Créature céleste et infinie.

En Hiver, le Soleil faisant sa course bien loin de nous, ne peut pas traverser ni fondre les grandes neiges, mais au Printemps, s'étant approché il échauffe l'air, et sa force étant augmentée, il fond la neige, et la résout en eau, car le plus faible est contraint de quitter au plus fort.

Il faut prendre garde et gouverner le feu, de peur que l'humeur de Rosée ne soit desséchée plutôt qu'il ne faut, et qu'il ne se fasse une trop hâtive liquéfaction, et dissolution de la Terre des Sages. Si tu fais autrement tu ne peupleras ton Vivier que de Scorpions au lieu de bon Poisson. Si donc tu veux bien mener toutes tes Opérations prends l'Eau céleste sur laquelle était porté et se mouvait au Commencement l'Esprit de Dieu, et ferme la porte du Palais royal ; car par après tu verras le Siège mis devant la Ville céleste par les Ennemis mondains. C'est pourquoi il faut fortifier et entourer ton Ciel de triple Muraille, Rempart et Fossé, et ne laisse qu'une seule Avenue ouverte et libre, bien munie de fortes Garnisons. Ayant mis ordre à cela, allume la lumière de sagesse, la dragme perdue, et éclaire tant qu'il sera nécessaire. Sache que les Animaux rampants, et autres imparfaits, habitent la Terre à cause de la froide disposition de leur nature. Mais à l'homme est assigné un domicile au-dessus de la Terre, à cause de l'excellent tempérament de sa nature. Et les Esprits célestes n'étant pas composés d'un corps terrestre, et sujets à péchés et corruption comme celui de l'Homme, mais d'un corps céleste et incorruptible, ils ont un tel degré de perfection, qu'ils peuvent, sans être aucunement offensés, supporter indifféremment le froid et le chaud. Mais l'Homme clarifié ne sera pas moindre que les Esprits célestes, et leur sera en tout semblables. Dieu gouverne le Ciel et la Terre, et fait tout dans toutes choses.

Enfin, si nous gouvernons bien nos Amis, nous serons Enfants et Héritiers de Dieu, afin de mettre en exécution ce qui nous semble maintenant impossible ; mais cela ne se peut faire avant que toute l'Eau soit tarie et desséchée, et que le Ciel et la Terre, ne soient jugés avec le Genre Humain et consumés ensemble par le feu.

HUITIÈME CLEF DE L'ŒUVRE DES PHILOSOPHES

Il ne se peut faire aucune génération ni d'Homme, ni d'aucun autre Animal sans putréfaction, et aucune Semence jetée en terre, ou quelque chose que ce soit de végétable ne peut germer, sans que premièrement elle se pourrisse: beaucoup d'Animaux imparfaits prennent leur vie et origine de la seule pourriture, ce qu'à bon droit l'on doit mettre entre les merveilles de Nature, qui fait ceci, parce qu'elle a caché en Terre une grande vertu productive, qui se lève, excitée par les autres Éléments, et par l'influence de la Semence céleste.

Les bonnes Femmes des Champs en savent bien donner un exemple; car elles ne peuvent élever une Poule pour leur petit ménage, sans putréfaction de l'Œuf, dont est éclos le petit Poulet.

De pain, mis dans du miel, naissent des Fourmis,

par la pourriture qu'en attire le miel ; ce qui n'est pas aussi petite merveille de Nature.

Nous voyons tous les jours qu'il s'engendre des Vers de chair gâtée et pourrie dans le corps des Hommes, des Chevaux, et d'autres Bêtes : Comme aussi les Araignées, des Vers et autres Vermines, dans les Noix pourries, dans les Poires et autres fruits semblables. Bref qui peut nombrer les espèces infinies des Animaux infectes et imparfaits, qui naissent de pourriture et corruption ?

Cela se montre aussi manifestement dans les Plantes, où l'on voit qu'il croît beaucoup de sortes d'herbes, comme Orties et autres, de la seule pourriture dans les lieux même où telles herbes n'ont jamais été ni semées ni plantées. La raison en est que la terre de tels lieux a une certaine disposition à produire ces méchantes herbes, et étant engraissée de leurs semences, infuses dans ses entrailles, par les Corps célestes, et excitée par leur propre pourriture à germer et reverdir, lesquelles Semences venant à aider le concours des autres Éléments, produisent une Substance corporelle, convenante en leur nature. Ainsi les Astres peuvent faire lever, par le moyen des Éléments, une nouvelle Semence que l'on n'ait point encore vue, laquelle étant plantée dans terre et pourrie, peut croître et multiplier. Mais l'Homme n'a pas la puissance ni la vertu de produire une nouvelle Semence ; car l'on ne lui a pas commis le gouvernement des opérations élémentaires et célestes ; et il s'engendre diverses sortes d'herbes de la seule pourriture; ce qui étant rendu trop familier au Peuple, par la fréquente expérience qu'il en a, il ne les considère pas exactement ces Générations, et ne pouvant s'en imaginer aucunes Causes, il pense qu'elles ne sont pas coutume. Mais toi, qui dois avoir une Science plus relevée, pénètre plus avant que le Vulgaire, et cherche par raisons les Principes et les Causes d'où (moyennant la putréfaction) provient une telle vertu vitale, non pas comme la connaît le simple Peuple par l'accoutumance ; mais comme le doit savoir le sage et diligent Inquisiteur des Effets de la Nature, vu que toute vie provient de pourriture.

Chaque Élément est sujet à génération et corruption, c'est pourquoi tout Amateur de la Sagesse doit savoir qu'en chacun d'eux les trois autres sont occultement contenus; car l'Air contient en soi le Feu, l'Eau et la Terre, ce qui est très vrai, quoique cela semble incroyable. De même le Feu comprend l'Air, l'Eau et la Terre : La Terre contient l'Eau, l'Air et le Feu ; autrement il ne se pourrait faire aucune génération. Enfin l'Eau enclot en soi la Terre, l'Air et le Feu, autrement elle ne serait pas propre à produire aucune chose, et quoique chaque Élément soit distingué formellement de chacun des autres, ce n'est pas à dire pour cela ils soient séparés d'ensemble, comme on le voit clairement en la séparation des Éléments par distillation.

Or afin que l'Ignorant n'estime pas mon discours frivole et ne servant à rien, je veux te le démontrer par preuves suffisantes. Apprends donc, toi qui est curieux de savoir la dissection et l'anatomie de la Nature, et la séparation des Éléments, qu'en la distillation de la Terre, l'Air comme étant plus léger que les deux autres, se distille le premier, et puis après l'Eau: Le Feu, à cause de sa nature spirituelle, commune à l'un et à l'autre, et sa naturelle sympathie, est conjoint avec l'Air, et la Terre demeure au fond du Vaisseau, et contient le Sel de gloire. Dans la distillation de l'Eau, le Feu et l'Air sortent les premiers, et ensuite l'Eau, dans la partie terrestre demeure toujours au fond. De même du Feu, réduit en Substance visible et plus matérielle que de coutume, on en peut tirer le Feu, l'Air, l'Eau et la Terre, et les conserver à part. Semblablement l'Air est dans les trois autres, pas un d'eux ne se pouvant se passer de lui, la Terre n'est rien, et ne peut rien produire sans l'Air. Le Feu ne peut brûler et ni vivre sans lui. L'Eau, manquant d'Air, ne cause aucune génération. Outre cela, l'Air ne consume rien, et ne dessèche aucune humidité sans chaleur naturelle. Se trouvant donc une chaleur dans l'Air, par conséquent il doit y avoir du Feu : car tout ce qui est de nature chaude et sèche, doit aussi participer de la nature du Feu. C'est pourquoi tous les quatre Éléments doivent être conjoints ensemble, et ils ont toujours soin l'un de l'autre. Aussi voit-on qu'ils sont mêlés ensemble en la production de toutes choses. Celui qui contredit une telle Doctrine, n'a jamais entré dans le cabinet de la Nature, et n'a pas visité ses Secrets les plus cachés.

Sache que ce qui naît par putréfaction, est ainsi

engendré. La Terre se corrompt aucunement à cause de l'humeur qu'elle a, laquelle est le Principe de putréfaction ; car rien ne peut pourrir sans humeur ; à savoir sans l'Élément humide de l'Eau. Or si la génération doit provenir de pourriture, elle doit être excitée par la chaleur qui se rapporte à l'Élément du Feu; car rien ne peut venir au monde sans chaleur naturelle. Pour conclusion, si la chose, qui doit être produite, à besoin d'Esprit vital et de mouvement, il lui faut aussi de l'Air; car s'il ne coopérait point avec les autres, et ne faisait sa fonction, la génération, ou plutôt la matière de la chose qui doit être produite, s'étoufferait elle-même par faute d'Air; et la génération, redeviendrait corruption. D'où il est plus clair que le jour, que les quatre Éléments sont grandement nécessaires en toute génération. Et d'avantage, chacun d'eux fait voir clairement ses forces et opérations en chacun des autres ; mais principalement en la corruption ; car sans elle rien ne peut et ne pourra jamais venir au monde. Et tiens cela pour constant, que les quatre Éléments sont requis à toute production de quelque chose que ce soit.

On doit connaître par-là qu'Adam, que Dieu créa du limon de la Terre, n'exerça aucune action vitale, et ne vécu point jusqu'à ce que Dieu lui eût imprimé le souffle ou esprit de vie, et qu'aussitôt que cet esprit lui fut infus, il commença à vivre. Le Sel c'est-à-dire son Corps, se rapportait à la Terre, l'Air inspiré était le Mercure, c'est-à-dire l'Esprit, et le souffle de l'inspiration lui donnait une chaleur vitale, et s'était le

Soufre, c'est-à-dire le Feu. Aussitôt Adam commença à se mouvoir, et donna par ce mouvement une assez suffisante preuve d'une Âme vivante ; car le Feu ne peut pas être sans l'Air, ni de même l'Air sans le Feu ; l'Eau était mêlée à tous deux égale et proportion.

Adam fut donc premièrement composé de Terre, d'Eau, d'Air et de Feu, après d'Âme, d'Esprit et de Corps ; puis de Mercure, de Soufre et de Sel.

Ève semblablement, la première Femme, et notre première Mère participa de toutes ces choses ; car elle fut tirée et produite d'Adam, qui en était composé. Remarque cela que je viens de dire. Or, afin de retourner à mon propos de la putréfaction, il faut que tout Amateur et Inquisiteur de Sagesse tienne pour certain, que semblablement aucune Semence Métallique ne peut opérer, et ne peut être aucunement multipliée, si elle n'a été entièrement pourrie de soi-même, et sans mélange d'aucune chose étrangère; et comme nulle Semence végétable ou animale ne peut, comme il a déjà été dit, étendre ni multiplier son espèce sans putréfaction, de même faut-il en juger des Métaux : Et cette putréfaction doit se faire par les opérations des Éléments ; non qu'ils soient comme j'ai déjà enseigné, leur Semence ; mais parce que la Semence Métallique, prenant sa naissance d'un Être céleste, astral et élémentaire, étant réduit en un Corps sensible, doit être putréfié par le moyen des Éléments.

De plus, remarque que le vin a un esprit volatil ; car en le distillant l'esprit sort le premier, et le phlegme le dernier. Mais étant, par chaleur continue, tourné en vinaigre, son esprit n'est plus si volatil; car en la distillation du vinaigre, le phlegme aqueux monte le premier au haut de l'Alambic, et l'esprit le dernier, quoique ce soit une même matière en l'un et l'autre. Il y a bien néanmoins d'autres qualités au vinaigre que dans le vin, parce que le vinaigre n'est plus vin, mais une pourriture du vin, qui par la continuelle chaleur, s'est changé en vinaigre : Et tout ce qui est tiré par le vin ou par son esprit, et rectifié dans un Vaisseau circulatoire, à bien d'autres forces et opérations que ce qui est tiré par le vinaigre : Car si on tire le verre de l'Antimoine par le vin ou par son esprit, il est trop laxatif et purge avec trop de véhémence par en haut, d'autant que sa vertu vénéneuse n'étant pas surmontée et éteinte, il est encore empreint de poison; mais si on le tire par vinaigre distillé, ce qui en viendra, sera de belle couleur. Et puis, si tirant le vinaigre par le Bain-marie, l'on lave la poudre jaune qui demeure au fond, en versant beaucoup de fois de l'eau commune dessus, et la retirant autant de fois et qu'on ôte toute la force du vinaigre, il se fait une Poudre douce, qui ne lâche pas le ventre comme devant ; mais qui est un excellent Remède qui guérissant beaucoup de maladies, est à bon droit réputé entre les merveilles de la Médecine.

Cette Poudre mise en lieu humide, se résout en Liqueur, qui sans faire aucune douleur, est très souveraine pour les maladies externes. Que cela suffise.

En ceci consiste tout le principal de cette huitième Clef; à savoir qu'une Créature céleste, la vie de laquelle est nourrie des Astres, et alimentée des quatre Éléments, meure, puis se putréfie. Après cela, les Astres, moyennant les Éléments, qui ont cette charge, redonneront de nouveau la vie à ce Corps pourri, afin qu'il s'en fasse un céleste, qui prendra sa plume en la plus haute ville du Firmament. Ayant fait cela tu verras le terrestre entièrement consumé par le céleste; et le Corps terrestre toujours en céleste Couronne d'honneur et de gloire.

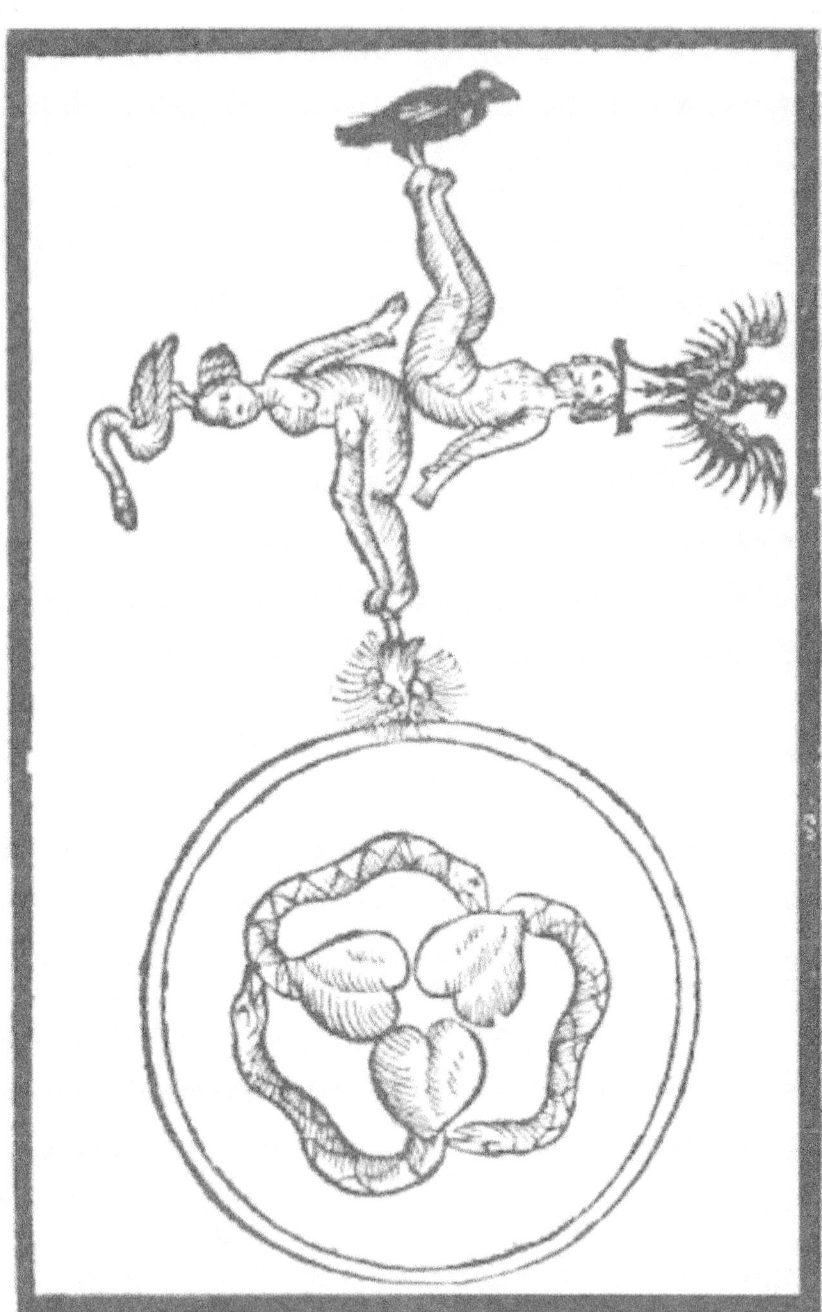

NEUVIÈME CLEF DE L'ŒUVRE
DES PHILOSOPHES

Saturne la plus haute des Planètes, est le plus bas et abject en notre Magistère. Il tient néanmoins la principale Clef, et étant le vil, et n'ayant presque point d'autorité, il tient le plus beau lieu. Et quoique par sa volonté il soit monté au plus haut par-dessus les autres Planètes, il doit toutefois descendre au plus bas, en lui coupant les ailes. Sa lumière obscure doit être grandement diminuée, et toute la perfection de l'Œuvre doit venir par la mort, afin que le noir soit changé en blanc, et que le blanc prenne la couleur rouge. Il doit aussi surmonter toutes les autres Planètes par l'avènement de toutes les couleurs qui sont au Monde, que l'on verra jusqu'à ce que vienne la couleur surabondante du Roi triomphant et comblé d'honneur; marque très certaine de la victoire. Et encore que Saturne semble le plus vil et le moindre de toutes les Planètes, il ne laisse pas d'avoir une si grande vertu et une telle efficace, que sa noble Essence, qui n'est autre chose qu'un froid par trop excédant, étant conjointe avec un Corps Métallique volatil et igné, il le rend fixe, et aussi solide, et même meilleur et plus ferme et permanent qu'il ne l'est lui-même. Cette Transmutation prend son origine du Mercure, du Soufre et du Sel, et se faisant par eux, on prend aussi sa fin et sa dernière période. Ceci passera la portée de plusieurs, ce Mystère étant à la vérité si haut, que difficilement le peut-on comprendre. Mais d'autant plus que la Matière est vile et abjecte, d'autant plus doit être l'Esprit relevé et subtil, afin d'entretenir l'inégalité du Monde, et que les Maîtres puissent être distingués des Serviteurs, et les Serviteurs reconnus à leur ministère d'avec les Maîtres.

De Saturne, préparé avec industrie sortent beaucoup de couleurs, comme la noire, la grise, la jaune et la rouge, et d'autres moyennes entre celles-ci. De même la matière des Philosophes doit prendre et laisser beaucoup de couleurs, avant qu'elle parvienne à la fin et perfection désirée ; car autant de fois que l'on ouvre une nouvelle porte au feu, autant de fois le Roi emprunte de ses Créanciers de nouveaux habits, jusqu'à ce que se remettant en crédit, il devienne riche, et n'aie plus affaire d'aucun Créancier.

Vénus tenant en main le gouvernement du Royaume, et distribuant selon la coutume les Offices à chacun, apparaît la première, brillante et éclatante d'une manière Royale: La Musique porte devant elle un Étendard rouge, au milieu duquel est artistement dépeinte la Charité, vêtue d'un habit vert : Saturne est son Prévôt de l'Hôtel et Intendant de sa Maison, et lorsqu'il est en quartier, l'Astronomie marche devant lui, portant une Enseigne qui à la vérité est noire, mais qui est néanmoins le portrait de la Foi, habillée de jaune et de rouge.

Jupiter avec son Sceptre est en qualité de Vice-roi. La Rhétorique porte devant lui la Science, de couleur blanchâtre et grise, où est représentée l'Espérance avec de fort agréables couleurs.

Mars, Capitaine expérimenté au fait de la guerre, règne aussi, tout échauffé et par la chaleur. La Géométrie le devance, lui portant son Guidon teint de sang, au milieu duquel est empreinte l'effigie de la Force, vêtue d'un habit rouge, Mercure est le Chancelier de tout. L'Arithmétique porte son Enseigne, diversifiée de toutes les couleurs du monde, car il y en a une variété indicible et la tempérance est au milieu dépeinte, d'une admirable diversité.

Le Soleil est Gouverneur du Royaume, la Grammaire tient Étendard jaune, sur lequel on voit la Justice peinte en Or, et bien qu'un tel Gouvernement du avoir plus de puissance et autorité en son Royaume, Vénus l'a néanmoins surmonté par sa grande splendeur, et lui a fait perdre la vue.

Enfin la Lune paraît aussi, la Dialectique lui porte sa Bannière de couleur très blanche et reluisante, sur laquelle on voit la Prudence peinte de bleu. Et parce que le Mari de la Lune est mort, elle doit lui succéder au Royaume. C'est pourquoi ayant fait rendre le compte à Vénus, elle lui recommandera l'administration et surabondance du Royaume; et par l'aide du Chancelier, reformera l'État, et y mettra une nouvelle police, et ils prendront tous deux domination sur la noble Reine Vénus. Remarque donc qu'une Planète doit faire perdre à l'autre, Office, Domination et Royaume, et lui ôter toute puissance et majesté Royale, jusqu'à ce que les principales d'elles tiennent le Royaume en main, le conservant par leur constante et permanente couleur, remportant la victoire avec leur Mère et, elle dès le commencement conjointe, et en jouissent d'une perpétuelle et naturelle association et amour. Alors l'ancien Monde ne sera plus Monde; il en sera fait un autre nouveau en sa place, et une Planète aura tellement consommé spirituellement l'autre, que les plus fortes s'étant nourries des autres, seront seules demeurées de reste, et deux et trois auront été vaincus par un seul.

Remarque enfin qu'il te faut soulever la Balance céleste et mettre dans le côté gauche le Bélier, le Taureau, l'Écrevisse, le Scorpion et le Capricorne, et au côté droit, les Gémeaux, le Sagittaire, le Verseau, les Poissons et la Vierge : Et faits que le Lion porte Or, se jette au sein de la Vierge, et que ce côté-là de la Balance pèse le plus : Enfin, faits que les douze Signes du Lion Zodiaque, faisant leurs Constellations avec les sept Gouverneurs de l'Univers, se regardent tous de bon œil, et se fasse qu'après que toutes les Couleurs seront passées, la vraie conjonction se fasse et mariage, afin que le plus haut soit rendu le plus bas, et le plus bas le plus haut.

> *Si de l'Univers la nature*
> *Mise était sous une figure,*
> *Et ne pourrait être changée*
> *Ni par aucun Art altérée,*
> *Personne ne la connaîtrait*
> *Ni les miracles qu'elle ferait,*
> *C'est pourquoi remercier*
>   *devons*
> *Ce grand Dieu qui nous à fait*
>   *tels dons.*

Von Hermogene bin ich geboren

DIXIÈME CLEF DE L'ŒUVRE
DES PHILOSOPHES

Dans notre Pierre, que les anciens Sages mes Prédécesseurs, ont faites longtemps avant moi, sont contenus tous les Éléments sont contenus, toutes les Formes et Propriétés Minérales et Métalliques, même aussi toutes les Qualités qui sont au Monde ; car on y doit trouver une extrême chaleur et de grande efficace, parce que le Corps froid de Saturne doit être échauffé et rendu pur par la véhémence de son feu interne. On doit aussi trouver un extrême froid, d'autant qu'il en faut tempérer la grande Vénus, qui brûle et consume tout et congèle le Mercure vif, et il faut en faire un Corps solide. La cause en est, parce que la Nature a donné à la Matière de notre divine Pierre toutes ses propriétés, qu'il faut par certains degrés de chaleur, comme cuire, faire mûrir et mener à perfection; ce qui ne se peut exécuter avant que le Mont Gibel de Sicile ait mis fin à ses embrassements, et ne se puisse plus trouver aucune froidure dans les Montagnes Hyperborées, desquelles tu pourras bien aussi appeler Fougeray, toujours gelées de froid, et couvertes de neiges.

Toutes Pommes cueillies avant d'être mûres se fanent et ne sont presque bonne à rien. Il en est de même des Vaisseaux des Potiers, qui ne peuvent servir s'ils ne sont cuits à assez grand feu ; parce qu'un moindre ne leur a pas donné leur perfection. Il faut prendre garde à la même chose en notre Élixir, auquel on ne doit faire tort d'aucun jour dédié et consacré à sa génération, de peur que notre Fruit étant trop tôt cueilli, les pommes des Hespérides ne puissent venir à une maturité extrêmement parfaite, et la faute n'en soit rejetée sur l'ouvrier peu sage, qui se serait follement hâté ; car il est notoire à tout le monde qu'il ne se peut produire aucun fruit d'une fleur arrachée d'un Arbre. Par quoi toute hâtivité doit s'éviter à notre Art, comme dangereuse et nuisible ; car on peut rarement venir par elle au bout de son dessein, et l'on va toujours de mal en pis.

C'est pourquoi que le diligent Explorateur des Effets merveilleux de l'Art et de la Nature prenne garde à ne pas se laisser emporter par une curiosité dommageable, de peur qu'il ne recueille rien de notre Arbre avant le temps, et que la Pomme lui tombant des mains, ne lui en laisse qu'une marque et vestige misérable. Car si l'on ne laisse mûrir notre Pierre, véritablement elle ne pourra jamais donner maturité à aucune chose.

La matière s'ouvre et se dissout dans l'Eau, se conjoint, et est rendue grosse en la putréfaction. Dans la Cendre elle acquiert des Fleurs, dignes Avant courrières du Fruit. Toute l'humidité superflue se dessèche dans le Sable. La flamme du feu la rend entièrement mûre, et fermement fixe, non pas qu'il faille nécessairement se servir du Bain-marie, du Fient de Cheval, de Cendres et de Sable Mais parce qu'il faut par tels degrés régir et gouverner son feu. Car la Pierre, enfermée dans le Fourneau vide, et munie de triple boulevard, se forme et cuit toujours jusqu'à ce que tous les nuages et vapeurs soient dissipées et disparaissent, et qu'elle soit vêtue et ornée d'habits de triomphe et de gloire, et demeure en la plus basse ville des Cieux, et s'arrête en courant. Car quand le Roi ne peut plus élever ses mains en haut, on a remporté la victoire de toute la gloire mondaine; parce qu'étant alors comblé de tout bonheur, et doué de constance et de force, il ne sera dorénavant sujet à aucun danger. Je te dis donc que tu dessèches la Terre dissoute en sa propre humeur, par feu dûment appliqué. Étant desséchée, l'Air lui donnera une nouvelle vie ; cette vie inspirée sera une Matière, qui à bon droit ne doit point être appelée que la grande Pierre des Philosophes, laquelle comme un Esprit, pénètre les Corps humains et métalliques, et est Remède général à toutes maladies ; car elle chasse ce qui est nuisible, et conserve ce qui est utile, en donnant à toutes choses un être accompli. Elle accorde et associe parfaitement le mauvais avec le bon. Sa couleur tire du rouge incarnat sur le cramoisi, ou bien de couleur de Rubis sur couleur de Grenade. Quant à sa pesanteur, elle pèse beaucoup plus qu'elle a de quantité.

Celui qui aura trouvé cette Pierre, qu'il remercie Dieu, pour ce Baume céleste, et le supplie de lui accorder cette grâce de pouvoir franchir heureusement la carrière de cette vie misérable, et enfin jouir de la béatitude éternelle.

Louange soit à Dieu, pour ses Dons et singuliers plaisirs qu'il nous a fait, et lui en rendons grâces éternellement. Ainsi-soit-il.

ONZIÈME CLEF DE L'ŒUVRE
DES PHILOSOPHES

Je t'expliquerai la onzième Clef qui sert à multiplier notre céleste Pierre par cette Similitude.

Il y avait dans un Pays du Levant un brave Chevalier, nommé Orphée, grandement riche, car il avait des Richesses à foison, et ne manquant d'aucune chose, il avait épousé sa Sœur propre appelée Eurydice. Mais ne pouvant avoir d'elle aucun Enfant, et croyant que ce malheur lui était envoyé pour punition de son inceste, il priait Dieu continuellement, espérant d'en obtenir miséricorde.

Un jour qu'il dormait profondément, il lui sembla voir un Homme volant à lui, nommé Phébus, qui l'ayant touché ses pieds grandement chauds, lui parla de cette sorte: Courageux Chevalier, après avoir voyagé par beaucoup de Royaumes, de Pays, de Provinces, et de Villes, après t'être hasardé sur Mer à beaucoup de dangers, et avoir renversé à la guerre de ton bras victorieux ce qui te faisait résistance, l'on t'a donné à bon droit le Collier de Chevalier. De plus, d'autant que tu as dans les Joutes et dans les Tournois rompu beaucoup de Lances, et que mainte fois les Dames t'ont, aux acclamations de tous les Assistants, adjugé le prix et l'honneur de la victoire, le Père céleste m'a commandé de venir t'annoncer qu'il a exaucé tes prières. C'est pourquoi tu prendras du sang de ton côté droit, et du côté gauche de ta Femme, comme aussi di sang qui était au cœur de ton Père et de ta Mère. Ce sang, de sa nature est seulement double, et néanmoins seulement simple. Conjoints-les, et les met dans le Globe des sept Sages, bien fermé, et l'Enfant nouveau né, trois fois grand, sera nourri de sa propre chair, et son glorieux sang lui servira de breuvage. Si tu fais bien cela, il te viendra de grandes richesses, et auras beaucoup d'Enfants. Mais apprends qu'il faut, pour perfectionner ta dernière Semence, la huitième partie du temps qu'a mis la première, de laquelle tu as pris naissance. Si tu fais ceci souvent, et que tu recommences toujours, tu verras les Enfants de tes Enfants, et une multiplication à l'infini de ta Race. Et sera le grand monde tellement rempli par la fertilité et fécondité du petit, que l'on pourra aisément posséder le Royaume céleste du Créateur de l'Univers.

Phébus ayant fini son discours, s'envola, et le Chevalier s'étant aussitôt réveillé, il se leva pour exécuter ce qui lui avait été commandé. L'ayant mis en exécution, il ne fut pas seulement assisté sur le champ de bonheur en toutes ses entreprises, mais aussi appuyé sur la bonté de Dieu, il engendra plusieurs Enfants, qui devenus Héritiers des Bien de leur Père, s'acquirent une grande renommée, et conservèrent toujours l'Ordre de Chevalerie qu'ils avaient eu de la succession.

Si tu es Sage et si tu aimes la Sagesse, tu n'as pas besoin d'une plus ample démonstration. Si tu n'es pas tel, tu n'en dois rejeter la faute sur moi, mais sur ton ignorance ; car il ne m'est pas permis d'en déclarer d'avantage, ni mettre en vue tous les Secrets. Cela sera assez clair et manifeste à celui que Dieu en jugera digne ; car j'ai tout écrit aussi clairement qu'il est possible de le faire, et j'ai montré toute l'œuvre en Figures, comme les anciens Philosophes l'ont fait aux Maîtres ; mais encore plus clairement qu'aucun autre, ne t'ayant rien caché. Si tu chasses de toi les ténèbres d'Ignorance, et que tu sois clairvoyant des yeux de l'entendement, tu trouveras une Pierre précieuse qu'ont cherché beaucoup de Gens, et que peu ont trouvé ; car je t'ai comme entièrement nommé la Matière, et suffisamment démontré, le Commencement, le Milieu et la Fin de l'œuvre.

DOUZIÈME CLEF DE L'ŒUVRE DES PHILOSOPHES

L'épée d'un Escrimeur, qui ne sait pas tirer, ne lui peut lui servir de rien, parce que ne la maniant pas comme il faut, il est aisément vaincu et terrassé par un autre qui sait mieux tirer et porter un coup que lui. Mais celui qui entend parfaitement l'escrime, remporte aisément la victoire sur son Adversaire.

Il en arrivera de même à celui qui, avec l'aide de Dieu, aura acquis la Teinture, et ne saura pas servir, comme il en arrive au Gladiateur, qui ne sait pas son métier. Mais d'autant que voici la douzième et dernière Clef qui ferme ce Livre, je ne parlerai plus avec ambiguïté Philosophique, et j'expliquerai nûment et clairement cette Clef touchant la Teinture. Comprenez donc la Doctrine suivante.

Prends une partie de cette Médecine ou Pierre des

Philosophes, dûment préparée, et faite du Lait Virginal, avec trois parties de très pur Or passé par la coupelle avec de l'Antimoine, et battu en lamines très menues. Conjoints-les dans un Creuset et leur donne un feu modéré aux douze premières heures; puis fonds-les, et les tiens en ce feu par l'espace de trois jours naturels, et la Pierre sera changée en vrai Médecine, d'une nature subtile, spirituelle et pénétrante. Elle ne teindra pas aisément, à cause de sa grande subtilité, sans le Ferment de l'Or ; mais quand elle est fermentée de son semblable, la Teinture entre facilement. Prends ensuite une partie de cette Masse fermentée, et la jette sur mille partie de Métal fondu, et vraiment le tout sera changé en très bon Or. Car un corps prend aisément un autre Corps, et bien qu'il ne lui soit pas semblable, néanmoins il doit lui être conjoint, et lui être, par sa grande force et vertu rendu semblable, vu que le Semblable a été engendré de son Semblable.

Celui qui aura mis ce moyen en pratique, saura toutes les autres circonstances: Les sorties des portes du Palais Royal sont ouvertes à la fin. Une si grande subtilité ne peut être comparée à aucune chose créée, car elle seule comprend et possède toutes choses dans toutes choses, qu'on peut trouver par raisons naturelles, contenues et encloses dans la circonférence de l'Univers.

O Commencement du Commencement ! souviens-toi de la Fin ! O Fin, dernière Fin ! Souviens-toi du Commencement, et aies en grande recommandation le Milieu de l'Œuvre. Et Dieu le Père, le Fils et le Saint-Esprit vous donnera ce qui est nécessaire à l'Esprit, à l'Âme et au Corps.

Fin des douze Clefs

DE LA PREMIÈRE MATIÈRE DE LA PIERRE DES PHILOSOPHES

Une Pierre se voit, qui à vil prix se vend,
D'elle un Feu fugitif son origine prend,
Notre Pierre de lui est faite et composée,
Et de blanche couleur et de rouge parée,
Elle est Pierre et non Pierre, et la Nature en elle
Peut seule démontrer sa vertu non pareille,
Pour d'elle faire jaillir un Ruisseau clair coulant
Dans lequel elle ira son Père suffoquant :
Et puis d'icelui mort, gourmande elle se repaît,
Jusqu'à ce que son Âme en son Corps renaîtra,
Et sa Mère qui est de nature volante,
En puissance lui soit, et en tout ressemblance,
Et à la vérité son Père renaissant
A bien plus de vertus qu'il n'avait par avant,
La Mère du Soleil surpasse les années
En âge, à cet effet par toi Vulcain aidées,
Son Père néanmoins précède en origine,

Par son spirituel Être et Essence divine,
L'Esprit, l'Âme, le Corps sont contenus en deux,
Le Magistère vient d'un, qui seul et un étant,
Peut ensemble assembler le Fixe et le Fuyant,
Elle est deux, elle est trois, et toutefois n'est qu'une,
Si tu n'es sage en cela, n'entendra chose aucune,
Fait laver dans un Bain Adam le premier Père,
Où se baigne Vénus des Voluptés la Mère,
D'un horrible Dragon ce Bain l'on préparait,
Quand toutes ses vertus et ses forces il perdait
Et comme dit fort bien le Génie de Nature
L'on ne le peut nommer que le double Mercure :
Je me tais, j'ai fini, j'ai nommé la Matière,
Heureux trois fois heureux qui comprend ce mystère,
Que le soucieux ennuie ne te surprenne point,
L'issue fera voir ce tant désiré point.

FIN

LIVRE CONTENANT EN ABRÉGÉE UNE RÉPÉTITION DE TOUT CE QUI EST CONTENU DANS LES TRAITÉS DES DOUZE CLEFS DE LA PIERRE PRÉCIEUSE DES PHILOSOPHES

LA LUMIÈRE DES SAGES MISE EN LUMIÈRE PAR LE MÊME AUTEUR, FR. BASILE VALENTIN

Moi, Basile Valentin, Religieux de l'Ordre de St. Benoît, j'ai composé ces Traités précédents, sans lesquels suivant la trace des anciens Philosophes, j'ai déclaré par quelle voie ou moyen l'on peut chercher et trouver ce précieux Trésor, duquel les Sages ont conservé leur santé, et prolongé leur vie de beaucoup d'années. Et bien que je ne me sois éloigné en aucun point de la vérité, comme ma conscience en rendra témoignage devant Dieu, qui connaît le dedans de nos cœurs, j'ai même encore tellement mis en vue la vérité, qu'un Amateur de la Science, tant soit peu intelligent, ne devrait pas avoir besoin d'autre flambeau pour l'éclairer : Car la Théorie que je lui en ai donné, conjointe avec les douze Clefs de Pratique que je lui donne, sera plus que suffisant pour dispenser de passer comme moi des nuits à veiller, et de perdre un repos que je prenais point en ne dormant pas. Les diverses pensées qui me travaillaient toujours l'imagination, m'ont enfin déterminé à m'expliquer plus clairement, en réduisant en abrégé le Livre de la Lumière des Sages, que je mets dans une lumière plus éclatante, pour mieux éclairer, et pour conduire plus sûrement à la connaissance de notre Pierre, ceux qui sont Amateurs de l'Art, et qui désirent connaître la Nature : Et encore que je sache qu'on dira que j'enseigne trop clairement, et que par là je charge ma conscience de beaucoup de péchés, je ne m'en mets pas en peine, et je répondrai que ce que j'écris est encore assez obscur pour les Ignorants et pour les Gens de peu d'esprit, et qu'il n'est clair que pour les Enfants de Science. C'est pourquoi écoute et pèse bien mes paroles. Si tu suis ce qu'elles t'enseigneront, tu parviendras à la connaissance des Mystères les plus cachés de l'Art et de la Nature.

Je n'écris rien que je ne dois approuver, et dont je ne sois prêt à rendre compte au jour du Jugement.

Tu trouveras dans cet Abrégé des Instructions écrites d'un style simple, car je ne m'applique point à

chercher des mots affectés et trompeurs, et je dis nûment la vérité.

J'ai enseigné dans le précédent Traité, Que toutes
choses naissent et sont composées de trois, à savoir
est de Mercure, de Soufre et de Sel. C'est chose
certaine.

Mais apprends encore, Que notre Pierre est composée de deux, de trois, de quatre et de cinq. De cinq
c'est-à-dire, de sa Quintessence ; de quatre qui sont
les quatre Éléments, de trois c'est-à-dire des trois
Principes des choses naturelles; de deux c'est-à-dire
du Mercure double; et d'un, c'est-à-dire du premier
Principe de toutes choses, qui fut produit pur au mo-
ment de la création du Monde, fiat, soit fait.

Afin que personne ne se peine à comprendre ces
choses, et à en chercher le Sens mystique, et la vraie
explication, je vais traiter en peu de mots du Mercure,
du Soufre, et du Sel, qui sont les Principes matériels
de notre Pierre.

DU MERCURE
PREMIER PRINCIPE DE L'ŒUVRE
DES PHILOSOPHES

Remarque donc premièrement que nul Argent-vif commun ne sert à notre Œuvre, car notre Argent-vif se tire, du meilleur Métal par Art Spagyrique, et est pur, subtil, reluisant, clair comme eau de Roche, diaphane comme Cristal, et sans aucune ordure. Réduit cet Argent-vif en Eau ou Huile incombustible, parce que selon les Sages, le Mercure a été Eau au commencement. Dissout en cette huile incombustible son propre Mercure duquel cette Eau a été faite. Précipite-le dans sa propre Huile, et tu auras le Mercure double. Mais remarque bien que le Soleil, après avoir été purifié, comme que je t'ai enseigné dans la première Clef, doit être dissout par une certaine Eau particulière, que je t'ai donné dans la seconde Clef, et réduit en chaux subtile, comme je l'ai aussi enseigné en la quatrième. Cette Chaux doit passer par l'Alambic avec l'Esprit de SEL, et être précipité dans cet Esprit, et réduit à feu de réverbère en Poudre subtile, afin que son Soufre puisse plus facilement entrer en sa propre nature, et l'embrasser plus étroitement par un amour réciproque. Alors tu auras deux Substances dans une, que l'on appelle le Mercure des Philosophes, et n'est qu'une Nature, et le premier Ferment.

DU SOUFRE

SECOND PRINCIPE DE L'ŒUVRE DES PHILOSOPHES

Tu chercheras ton Soufre dans le même Métal. Il faut le tirer, sans aucune corrosion par feu de réverbère, d'un Corps purifié et dissout. Comment cela se peut-il faire ? Je te l'ai déclaré en ne t'en disant rien, et te l'ai assez clairement montré dans la troisième Clef. Tu dissoudras ce Soufre dans son propre sang, duquel il a pris naissance, observant le poids que je t'ai ordonné en la sixième Clef. L'ayant fait, tu auras dissout et nourri le vrai Lion du sang du Lion vert ; car le sang fixe du Lion rouge est fait du sang volatil du Lion vert. C'est pourquoi ils sont tous deux d'une même nature. Le sang volatil de l'un, rend aussi volatil le sang fixe de l'autre. Comme au contraire, le fixe rend le volatil aussi fixe qu'il était avant la solution. Entretiens-les en chaleur modérée, jusqu'à ce que le Soufre soit tout dissout, et tu auras, suivant tous les Philosophes, le

second Ferment et le Soufre fixe, nourri du volatil,
que l'on tire en Alambic par l'esprit de vin, qui est
rouge comme sang ; ce qu'on appelle Or potable,
qu'on peut consolider, ni réduire en Substance corporelle.

DU SEL

TROISIÈME PRINCIPE DE L'ŒUVRE
DES PHILOSOPHES

Le Sel selon que l'on le prépare a des effets divers. Il rend le Corps fixe, volatil. Car l'esprit du Sel de Tartre, tiré sans aucun ingrédient, rend, par la résolution et putréfaction, tous les Métaux volatils, et les réduit en un Mercure vif, comme te l'enseignent mes Minéraux. Le sel de Tartre a aussi une vertu grandement fixative, surtout si l'on y ajoute de la Chaux vive avec sa chaleur ; car étant joints ensemble, ils ont une merveilleuse vertu pour fixer. Selon donc que l'on prépare le Sel végétable de Tartre, il peut et fixer et rendre volatil; ce qui est un Secret admirable de la Nature, et un effet merveilleux de l'Art Philosophique.

Il se fait un Sel volatil et bien clair d'Urine d'un Homme, qui n'aura bu pendant quelque temps que du vin pur. Ce Sel dissout toutes choses fixes, et les tire avec lui par l'Alambic. Il ne fixe pas néanmoins, quoique cet Homme n'ait bu que du vin, duquel par son urine est tiré ce Sel de Tartre. Car il s'est fait dans le corps de ce même Homme une certaine transmutation, par laquelle la partie végétable, c'est-à-dire l'esprit végétable du vin, s'est changé en animal, c'est-à-dire en l'esprit animal du Sel de l'urine; comme, par exemple, dans les Chevaux, se fait une transmutation d'avoine, foin et autres nourritures, les changeant en leur propre Substance, à savoir en chair et autres partie de leurs corps.

Les Abeilles aussi, font du miel des meilleures particules des herbes et des fleurs ; et ainsi des autres choses, dont la Clef et principale Cause est dans la putréfaction d'où proviennent toutes ces sortes de séparations et transmutations.

L'esprit de Sel commun, tiré par certain moyen que je t'ai montré en ma dernière Instruction, mis avec un peu de l'esprit du Dragon, dissout l'Or et l'Argent, et les fait monter au haut de l'Alambic, tout de même comme l'Aigle, joint avec l'esprit du Dragon, Hôte perpétuel des Rochers et Montagnes. Mais si l'on fond quelque chose avec le Sel avant la séparation de l'esprit d'avec le corps, il est plutôt rendu fixe que dissout.

Je te dis d'avantage, que l'esprit de Sel commun conjoint, avec l'esprit de vin, et distillé par trois fois avec lui, devient doux et perd toute corrosion et acrimonie. Cet esprit ne combat plus corporellement contre l'Or ; mais si l'on le fond sur la Chaux de l'Or dûment préparée, il attire sa grande rougeur, et si l'on procède comme il faut, la Chaux donne et empreint à la Lune purifiée une couleur semblable à celle qu'a eu premièrement le Corps, d'où elle a pris son origine.

Ce Corps peut recevoir sa première couleur, se mêlant et joignant à la lascive Vénus, d'autant qu'il a du commencement il a pris avec elle sa naissance de son sang, ou du moins d'un sang semblable au sien, et je ne t'en dirai pas d'avantage.

Remarque bien que l'esprit de Sel dissout aussi la Lune préparée, et la réduit, comme t'en enseigne mes Instructions, en une nature spirituelle, de laquelle se peut faire la Lune potable. Ces esprits du Soleil et de la Lune doivent être conjoints comme le Mari à la Femme, par l'entremise de l'Esprit du Mercure, ou de son Huile.

L'esprit est dans le Mercure, la Couleur dans le Soufre, et la Congélation dans le Sel, et se sont ces trois qui peuvent reproduire le Corps parfait, c'est-à-dire, l'Esprit du Soleil, fermenté de sa propre Huile. Le Soufre, que l'on trouve abondamment dans la nature de Vénus, est enflammé de sang fixe, par elle engendré. L'esprit, provenant du Sel Physique donne, en fortifiant et endurcissant, la victoire entière, encore que l'esprit de Tartre, d'Urine et de Chaux vive, avec du vrai Vinaigre ait bien de la vertu ; car l'esprit de Vinaigre est froid, et celui de la Chaux vive est chaud ; c'est pourquoi le juge à bon droit être de nature contraire, comme aussi l'on le voit par expérience. Je viens de parler en Philosophe, mais il ne m'est pas permis de passer outre, ni de montrer comment les portes sont fermées et remparées au-dedans.

Je te donne encore ceci, pour te dire adieu: Cherche ta Matière dans la Nature Métallique. Fais-en un Mercure, et le fermente d'un Mercure, puis d'un Soufre, et le fermente pareillement de son propre Soufre. Dispose et mets tout en ordre par le Sel. Tire-le une fois par l'Alambic, et mêle le tout par juste poids, et il viendra Un, qui a pris aussi auparavant son origine d'Un. Fixe-le, et le coagule par la chaleur continue, puis le multiplie, comme je t'ai appris dans les deux dernières Clefs, et le fermente pour la troisième fois, et tu viendras à bout de ton dessin, quant à l'usage de la Teinture, la douzième Clef t'en a assez instruit.

PREMIÈRE ADDITION
CONTINUANT LES
ENSEIGNEMENTS DE L'ŒUVRE
DES PHILOSOPHES

Pour ne te laisser rien à désirer, je te veux apprendre que du noir Saturne et du doux Jupiter on peut aussi tirer un Esprit, qui par après se réduit en Huile douce comme en sa plus grande perfection, qui peut particulièrement et fermement ôter vie au Mercure, et le rendre beaucoup meilleur, comme je te l'ai enseigné en mes Minéraux.

SECONDE ADDITION POUR LES MÊMES OPÉRATIONS

Ayant ainsi préparé ta Matière, sois seulement soigneux à gouverner ton feu, car toute l'Œuvre en dépend, depuis le commencement jusqu'à la fin.

Notre Feu n'est que commun et naturel, et le Fourneau vulgaire. Et bien que les anciens Sages mes Prédécesseurs, aient écrit que notre feu n'est feu commun : Je te dis néanmoins en vérité, que c'est qu'ils ont tous caché selon leur coutume. Car notre Matière est vile, et l'Œuvre que l'on conduit seulement par le Régime du feu, est aisée à faire.

Le Feu de Lampe, fait avec l'esprit de vin, n'y est pas propre, parce qu'il conduit à de trop grand coût et dépenses. Le fient de Cheval n'est que perte et destruction, et notre Matière ne peut jamais par son moyen venir à perfection.

La multitude et variété de Fourneaux est superflue, car il ne faut en notre triple Vaisseau que varier et changer les degrés du feu.

Prends donc garde que les Trompeurs ne te déçoivent en la variété des Fourneaux, car le notre est vulgaire, commun et la Matière est abjecte. Le Matras ressemble en figure au contour et rondeur de la Terre. Tu n'as pas besoin d'autres instructions pour savoir gouverner ton Feu, et bâtir ton Fourneau, parce que celui qui a la matière trouvera bientôt un Fourneau, comme celui qui a de la Farine ne tarde guère à trouver un Four, et n'est pas beaucoup embarrassé pour faire cuire du Pain.

Il n'est pas nécessaire d'écrire plus amplement sur ce point. Prends seulement garde à la chaleur, et fait en sorte que tu puisses discerner le chaud d'avec le froid. Si tu frappes le but, tu auras tout fait, et tu seras parvenu à la fin désirée de l'Art, pour reconnaissance de laquelle, soit perpétuellement loué Dieu, Auteur de toute la Nature. Ainsi-soit-il.

Fin des Additions

COLLOQUE DE L'ESPRIT DE MERCURE A FRERE ALBERT

L'ESPRIT

Quelle est l'occasion, Albert, que tu m'as tant fait de conjuration pour me faire venir ?

ALBERT

Je te la veux dire, moyennant que tu me donnes assurance pour mon corps, ma vie et mon Âme, et que je n'aurai aucun déplaisir de toi.

L'ESPRIT

Il n'est pas de mon pouvoir de te faire du déplaisir, ni ne suis pas venu auprès de toi pour cela, mais si tu ne quittes ton appellation, tu es déjà recommandé à un autre qui te châtiera toi, et tes semblables, et jouera bien son jeu au salut de ton âme, je ne puis t'avancer ni reculer, si j'étais un homme je voudrai bien être lavé et pour ce répond moi à mes demandes.

ALBERT

Je te prie ne sois pas fâché contre moi, car je suis un homme débile, et tu es un esprit puissant et subtil, et pour ce dis-moi premièrement si tu es bon ou mauvais, ou qui tu es.

L'ESPRIT

Je ne suis ni bon ni mauvais, mais je suis un esprit des sept Planètes qui gouverne la moyenne nature, ils ont le commandement de gouverner les quatre différentes parties du monde, savoir le Firmament, les animaux, les végétaux, et partie des minéraux, et nous sommes sept qui par notre agilité conduisons dans les trois parties inférieures, les ascendant et descendant, et opérons en eux, car les planètes ne peuvent pas descendre corporellement ici bas, mais leur esprit, lequel aide les choses qui sont disposées à engendrer par la vertu des quatre Eléments. Celui qui a cette intelligence se pourra disposer à l'œuvre.

ALBERT

Je suis grandement joyeux que tu me donnes une si belle intelligence, et que j'ai compris par toi que je n'ai jamais fait d'aucun Philosophe, mais je te prie accorde-moi encore une demande, et je te dirai le sujet pour lequel je t'ai appelé, et te le déclarerai par ordre si tu me veux dire ton nom.

L'ESPRIT

Mon nom je suis l'Esprit des Planètes, non pas le Dieu du Mercure, comme tu me qualifies par tes appellations, et ne suis pas venu par force d'icelle, mais par la permission de Dieu, je suis venu sans contrainte, aussi qu'il a été donné à chacun homme un esprit serviable de Dieu, mais il s'en trouve peu qui s'en rendent dignes, pour ce n'aie point peur de ma noirceur, car elle sera pour le commencement de ta richesse. Car au commencement de la création tout était en ténèbres, et après l'agréable rougeur du matin, le Soleil se lève tout en sang et feu, si tu crois à cette heure mes paroles qui ne sont pas humaines, mais une voix raisonnante selon ma nature, je te veux écouter aimablement et te donner bonne adresse, sors donc hors de ton appellation et m'y laisse entrer, assis-toi à table et que j'écrive avec soin ce que je te dirai, mais dis-moi premièrement le sujet pourquoi tu m'a fait venir et ne sois point cauteleux, mais simple et succinct à tes demandes.

ALBERT

Au nom du Père, du Fils et du Saint-Esprit, Amen. La très sainte et une inséparable Trinité, et inséparable Déité unique. Mercure je te demande que tu me dises la vérité, si ce que les anciens ont écrit de la Pierre des Philosophes, ou de la teinture est véritablement en la nature, ou si c'est une subtile spéculation.

L'ESPRIT

Sache que les Philosophes par prévoyance ont écrit diverses choses afin que les ignorants qui ne tendent qu'à l'or et à l'argent fussent abusés, ainsi le plus grand secret de la nature, et les vertus naturelles qui font à tous chercher la vérité, se trouvera que Dieu a mis dans la nature, et que l'homme ne peut pas connaître, si on ne lui montre clairement, et encore ne le peut-il comprendre, à cause de son aveuglement, et qu'il ne peut pas se connaître soi même.

ALBERT

J'entends par tes paroles, bien qu'elles soient obscures, que tu entends l'or très fin.

L'ESPRIT

En partie tu as bien entendu, mais il y a encore une nuée trouble devant tes yeux, c'est le plus fin or, mais non pas celui qui est affiné dans la fournaise, mais celui que la nature même par son serviteur Vulcain a affiné sans science, à la mode de lui est tiré le double Mercure, et quand tu auras icelui tu pourras disputer avec ton Abbé, et lui dire : *Azot et ignis tibi sufficunt*. Il est donc manifeste qu'il n'est plus que fin or, auquel Dieu en la création lui a donné cette vertu pour être manifesté aux hommes, afin que chacun se puisse savoir, s'il est bien illuminé de Dieu.

ALBERT

Oui, où se peut trouver cet or ?

L'ESPRIT

Au dessous du Ciel, en plusieurs montagnes et vallées, tous les homme l'ont devant les yeux et ne le connaissent pas.

ALBERT

Combien en faut-il pour l'œuvre ?

L'ESPRIT

Si tu en as deux onces tu peux acheter la couronne du plus grand monarque du monde, et garder le reste.

ALBERT

Avec l'aide de Dieu nous en trouverons bien autant, et quand on en aura achevé deux onces, c'est assez pour le commencement comme je crois que vous le dites.

L'ESPRIT

Mais tu ne sais pas le corps comme moi qui suis esprit, je ne parle pas du corps, mais bien plus de l'esprit, comment veux-tu peser l'esprit, qui est en si petite quantité, au prix de ce qui est tiré de son corps, mais après en vertu surpassant en grande quantité ledit corps, si tu veux rendre cet esprit net de son corps corporel, et le transmuer en un corps spirituel, tu pourras dire à ton Abbé, *Ignis et Azot tibi sufficiunt.*

ALBERT

O céleste parole, comment dois-je faire cela ?

L'ESPRIT

Solve et coagula, dissous et coagule. 1° operamo solvere 2° Coagulare.

ALBERT

Que tes paroles sont succinctes et difficiles à entendre, et malaisées à comprendre, mais toute science est là dedans, je dois dissoudre le corps de l'or, et par dissolution tirer l'esprit teingent, c'est sans doute le double Mercure de Bernard, d'où est tiré ce corps ce n'est pas le fin or, mais la teinture qui est cachée en lui, de cela on tire le double Mercure.

L'ESPRIT

Maintenant le voile est en partie ôté de devant tes yeux, tu as bien entendu, entends maintenant quel corps c'est.

ALBERT

Avec quoi dois-je dissoudre le corps de l'or ?

L'ESPRIT

Par soi-même, et ce qui est le plus proche de lui.

ALBERT

Cette parole est pesante, voire plus pesante que la science même, je te prie montre-moi cela et me dis le moyen et le tour de main de la vraie dissolution.

L'ESPRIT

Moi tout esprit, maintenant je ne le puis montrer, car je n'ai point de main, mais si j'avais un corps comme toi, je voudrais faire toute l'œuvre, cherche soigneusement dans ton Bernard, tu trouveras là-dedans le moyen et le tour de main de la vraie dissolution, avec toutes les circonstances, écrite trois fois, deux fois vraie, et une fois faux, à cause des ignorants.

ALBERT

O moi misérable ! J'ai tant vu Bernard que j'en suis quasi au mourir, et n'ai pu comprendre cela, encore que par son enseignement je connais le Roi, mais la Fontaine m'est inconnue, et partant, je te prie montre-moi la fontaine.

L'ESPRIT

Tu veux être trop savant bien tôt, je ne te le peux pas montrer, il faut que tu aies le Roi premièrement, car on n'échauffe pas le bain, que le Roi n'y soit, va chercher ton Abbé et dis-lui qu'il te fasse profusion de dix livres du meilleur 98756 Æ s Æ d'Orient, tout ainsi qu'il vient du ventre de sa mère sans feu, après je te veux déclarer tout ce que tu n'entends pas, sois secret, et ne montre point ton écrit à ton Abbé sur peine de la vie, ni que tu m'as vu, ôte de toi toutes tes appellations et conjurations, et demeure toujours en bonne volonté, priant Dieu qu'il te donne un bon esprit, autrement je n'oserai plus retourner vers toi, ainsi je veux être ton bon ami, et autant de fois que tu auras besoin de mon conseil, je me trouverai auprès de toi.

ALBERT

Ha! Demeure encore un peu, dis-moi si je vivrai assez longtemps pour faire la teinture.

L'ESPRIT

Oui, tu l'achèveras, mais ton Abbé ne vivra pas tant, tu l'auras après sa mort, et si tu ne te gouvernes sagement, elle te causera de grands inconvénients, et partant prends bien garde à toi, et à qui tu la montreras, car cette teinture t'amènera de grands aveuglements, garde bien ton livre et ta teinture, afin qu'on ne les trouve point sur toi, autrement tu courreras grande fortune, et sera mis en prison, voire même à la mort, sois donc bien sage et te tiens joyeux, car plusieurs de grande et basse qualité s'efforcent que le secret ne soit point manifesté, car ils ne peuvent en autre corps dire vérité qu'en une unique chose, qui est tout en tout, pour dire la vérité, le reste ne sert que pour abuser les ignorants, et te dirai en peu de paroles la pure vérité, qui est ce que tous les Philosophes par leurs écrits sont demeurés d'accord, de cette pierre et teinture contenue en la nature.

ALBERT

Dis-moi qui est cette unique chose.

L'ESPRIT

Toi qui es bon artiste et véritable, tu dois avoir appris de ton Bernard que c'est que l'esprit de son double Mercure, et tu es quasi devenu fol en ta première matière et Azot, tu es encore bien loin du vrai centre, car tu cherches la vie avec les morts et la plus parfaite et incorruptible force de toutes les forces naturelles, dans des matières imparfaites et dans des choses corruptibles, sache en vérité que notre rouge teinture est tirée pure et nette de la plus parfaite créature, sur laquelle le Soleil ait jamais jeté ses yeux, laquelle unique chose par les esprits plus parfaits est de la composition des inséparables qualités des quatre Eléments, et par la concordance des sept Planètes ont été joints ensemble, et sans aucune aide ou science d'homme, a été parfaite en son degré de perfection, lequel aussi par une incroyable augmentation de sa propre semence a été doué naturellement, et ses parties si bien liées ensemble qu'il ne peut être détruit par aucun Elément sans l'aide de l'art, et lors cette unique chose est sujette à corruption, je t'ai assez déclaré pour ce coup de quelle matière le Philosophes ont tiré leur teinture, si tu entends et connais ce qui est compris en cette unique parole, tu entendras toute la science, c'est assez dit à celui à qui Dieu ouvre les yeux, on pourrait bien ici comprendre l'or. Mais on ne l'entendra pas bien, car il y a des créatures créées plus nobles que l'or, lesquelles il faut chercher où la vérité se trouve, que Dieu a mis en la nature, et que l'homme ne peut pas connaître, si on le lui montre tout clairement, et encore ne peut-il pas comprendre à cause de son aveuglement, et qu'il ne peut pas connaître soi-même.

Louange à Dieu.
FIN

Également Disponible